Friedrich Dönhoff
Marius Müller-Westernhagen

EIN PORTRAIT

Diogenes

Covermotiv: Foto von Olaf Heine
Copyright © Olaf Heine

Der Diogenes Verlag wird vom Bundesamt für Kultur
für die Jahre 2021–2024 unterstützt

Alle Rechte vorbehalten
Copyright © 2022
Diogenes Verlag AG Zürich
www.diogenes.ch
500/22/852/1
ISBN 978 3 257 07202 0

PROLOG

KÖLN, MÜNGERSDORFER STADION, 30. JUNI 1995, gegen 22.30 Uhr. Marius Müller-Westernhagen trägt zu Jeans und schwarzem Gehrock ein weißes Rüschenhemd mit weiten Manschetten. Hinter der Bühne steigt er auf ein Kettcar und hält seinen Cowboyhut fest. Vor ihm tritt ein Roadie in die Pedale. Das Fahrzeug bringt den Rockstar durch einen Tunnel unter dem Laufsteg, der von der Hauptbühne weit ins Publikum hineinragt.

Am Ende der Röhre, nach ungefähr hundert Metern, steigt er wieder ab. Über ihm ein Tosen und Brausen, als würde ein Tsunami übers Stadion ziehen. Siebzigtausend Menschen skandieren: »Ma-ri-us! – Ma-ri-us! – Ma-ri-us!«

Nach zwei Stunden und fünfundzwanzig Songs hat die Stimmung ihren Zenit erreicht. Der Roadie übergibt ihm das Mikrofon. Westernhagen überprüft den In-Ear-Monitor in seinem Ohr, steigt die Treppe hinauf, während sich über ihm der Boden zu einer kleinen Bühne am Ende des Laufstegs öffnet. Das Rauschen und die Rufe werden lauter.

Er sieht zuerst die Kante des Bühnenbodens, dann die Köpfe der Menschen, aber sie sehen ihn nicht. Sie erwarten, dass er sich vorne auf der Hauptbühne zeigt, von der er vor ein paar Minuten, vor der Zugabe, verschwunden ist. Die Flutlichter strahlen rot über das Stadion.

Er tritt hinaus, steht jetzt auf dem Podium am Ende des Laufstegs, mitten in der Menge, um ihn herum schauen lauter Gesichter aufgepeitscht und euphorisch zu ihm auf. Die Menschen weinen, schreien und strecken ihm ihre Arme entgegen.

Er hebt das Mikrofon, will etwas sagen, bringt die Worte aber nur mit Mühe heraus: »Danke, danke«, schallt seine Stimme durch das Stadion. »Ich muss euch sagen … wir –«

In diesem Moment spürt er die Energie der Menschen wie Druckwellen gleichzeitig von allen Seiten über ihm zusammenschlagen, es erwischt ihn mit voller Wucht, und er kann kaum fassen, was da gerade passiert.

Plötzlich ist es, als würden sich seine Füße vom Boden lösen und er langsam abheben. Hastig schaut er sich nach etwas um, woran er sich festhalten kann, aber da ist nichts, nicht mal ein Mikrofonständer. Er geht in die Hocke, rührt sich nicht, versucht ruhig zu atmen.

Als er aufschaut und sich traut, wieder hochzukommen, ist er wie benommen. »Okay«, er atmet schwer, »danke«, sagt er mit Tränen in den Augen, und seine Stimme schallt durch das Stadion. »Wir haben –« Er bricht ab, drückt sich zwei Finger an die Nase. »Wir haben vor diesem Konzert zwölf wahnsinnige Konzerte gespielt«, und nun hat er seine Stimme wieder im Griff. »Aber das hier, das ist das Wahnsinnigste, was ich in meiner ganzen Karriere erlebt habe.« Er blickt hinaus. »Danke!«

Er wendet sich seinem Pianisten am Flügel zu und gibt das Zeichen.

Das Intro zum Song *Freiheit* beginnt, und mit den ersten Tönen flammen kleine Lichter auf, Hunderte, Tausende, ein

Lichtermeer unter dem schwarzen Nachthimmel. Dann singt das ganze Stadion:

> Die Verträge sind gemacht
> Und es wurde viel gelacht
> Und was Süßes zum Dessert
> Freiheit, Freiheit …
>
> Die Kapelle, rumm ta ta
> Und der Papst war auch schon da
> Und mein Nachbar vorneweg
>
> Freiheit, Freiheit
> Ist die Einzige, die fehlt
>
> Der Mensch ist leider nicht naiv
> Der Mensch ist leider primitiv
> Freiheit, Freiheit
> Wurde wieder abbestellt
>
> Alle die von Freiheit träumen
> Sollen 's Feiern nicht versäumen
> Sollen tanzen auch auf Gräbern
>
> Freiheit, Freiheit
> Ist das Einzige, was zählt
> Freiheit, Freiheit
> Ist das Einzige, was zählt.

1

BERLIN, IM JUNI 2020. Der Fahrstuhl hält im vorletzten Stock. Die Türen öffnen sich. Am Ende des Gangs, die Arme vor der Brust verschränkt, lehnt eine schlanke Gestalt in T-Shirt und Jeans in der offenen Wohnungstür. Der Blick von Marius Müller-Westernhagen ist neugierig und prüfend.

»Schön, dass es geklappt hat«, sagt er und gibt mir seine Hand, an deren Fingern mehrere silberne Ringe stecken. »Haben Sie es gleich gefunden?« Seine Stimme ist tief und raumfüllend.

In der Wohnung ist jedes Geräusch leise, als würde irgendetwas alle Töne schlucken. Tageslicht strömt von verschiedenen Seiten herein, an der Wand stehen leere Kartons.

»Wollen Sie umziehen?«, frage ich.

Er schaut sich überrascht um. »Nein. Wir sind gerade eingezogen. In Mitte war mir und meiner Frau zu viel Trubel. In Charlottenburg ist es ruhiger.«

Im offenen Wohnzimmer stehen sich zwei Kanzlersofas von Le Corbusier gegenüber, eins in Grau, eins in dunklem Lila, und so lang, dass auf jedem bequem sechs Leute sitzen könnten. Dazwischen eine freie Fläche mit graublauem Teppich. Der Tisch, sagt Westernhagen, werde noch geliefert.

An den Wänden hängt moderne Kunst, neben der Kommode stehen sechs Akustikgitarren aufgereiht. Gegenüber, auf der anderen Seite des Raums, befindet sich ein Flügel aus dunklem Holz. Neben dem Kamin hängen drei große Schwarz-Weiß-Portraits: der junge John Lennon, George Harrison und Paul McCartney.

»Das sind Originalprints von Astrid Kirchherr«, sagt Westernhagen, »eine sehr enge Freundin von mir, die leider vor Kurzem verstorben ist.«

Hinter den großen Fenstern und der offenen Terrassentür sind der Himmel und ein grünes Meer von Baumkronen im nahen Park zu sehen.

»Wollen wir uns setzen?«, fragt er, und schon sind wir mitten im Gespräch: über Hamburg und Berlin, das neue Stadtschloss, Deutschland und darüber, ob es in diesem Land ein Rassismusproblem gibt. Über das Komponieren von Liedern und das Schreiben von Büchern, ob und wie sich das eine vom anderen unterscheidet und wo in Berlin es eigentlich die besten Burger und Pommes gibt, das beste indische Restaurant.

Nie scheint er davon auszugehen, dass sein Besucher irgendetwas über sein Leben oder seine Karriere wissen müsste. Dass er ein sehr erfolgreicher Schauspieler war. Rockstar auf der Bühne und in Musikvideos, dass er es als erster deutscher Musiker wagte, eine Tournee in Fußballstadien zu spielen, dass sieben seiner vielen Nummer-eins-Alben jeweils mehr als eine Million Mal verkauft wurden – was bis heute niemand anderem in Deutschland gelungen ist –, über das alles verliert er kein Wort. Und auch nicht über die Etiketten, die an ihm kleben: Der Underdog aus dem Kohlerevier und der Armani-Rocker, der erste Deutsche, der zum Megastar gemacht wurde, genial und normal, der Kumpel von nebenan und der Elitäre. Und er thematisiert auch nicht, dass immer mal wieder gefragt wird: Wer ist denn dieser Marius Müller-Westernhagen eigentlich wirklich?

Wir sind längst zum Du übergegangen, als wir auf unser mögliches Buchprojekt zu sprechen kommen. Mein Verleger hatte angeregt, dass wir uns mal treffen. Obwohl oder gerade weil ich von Marius Müller-Westernhagen nicht viel wusste, nur ein paar seiner Songs kannte. Ich würde ihm völlig unvoreingenommen begegnen, bei null anfangen und sehen, wohin es uns trägt. Wie bei einer zufälligen Begegnung mit einem Menschen im Zug. Genau das hat Westernhagen gefallen. Ihn interessierte keine klassische Biografie, sondern ein Projekt, bei dem wir über Themen der heutigen Zeit sprechen, die ihn bewegen, und nebenbei auch über sein Leben.

Wir verabreden uns für die kommende Woche zum nächsten Treffen. Auf dem Weg zur Tür bleibt er vor dem Bücherregal stehen, legt den Kopf in den Nacken und sucht die Reihen ab. Dann entdeckt er ganz oben einen Bildband. Er streckt die Arme aus und versucht, den Wälzer unter einem Stapel herauszuziehen. Einen Moment lang fürchte ich, er werde gleich unter einem Berg von Büchern begraben, aber im nächsten Augenblick hält er das Buch in den Händen. Ein Fotoband über ihn.

Marius Müller-Westernhagen als Kind in den Fünfzigerjahren und als Jugendlicher im Fußballtrikot, als Schauspieler in den Sechzigern, Siebzigern und Achtzigern, der

Rockstar auf der Bühne im Stadion vor einer riesigen Masse von Menschen. Teils private, teils offizielle Fotos, manche professionell, andere amateurhaft und viele Schnappschüsse. Doch eines fällt auf: Der Blick des Menschen auf den Fotos ist über all die Jahre immer der gleiche. Es ist sein Blick, den er auch jetzt beim Betrachten der Fotos hat: neugierig, vorsichtig, leicht amüsiert.

Er blättert durch das Buch, möchte auf keiner Seite länger verweilen, will es mir eigentlich nur zur Vorbereitung mitgeben. Manchmal wirkt er verwundert, mal lacht er auf. Dann klappt er das Buch entschlossen wieder zu.

»Du hast dich wenig verändert«, sage ich zu ihm. Im Siebenjährigen ist auch der heute über Siebzigjährige gut zu erkennen und umgekehrt.

»Der Junge ist ja auch immer hier«, antwortet er und schlägt sich einmal mit der flachen Hand an die Brust.

2

TIEFENBROICH, NAHE DÜSSELDORF, IM JUNI 1954. Der fünfjährige Marius liegt in seinem Bett, kann nicht schlafen – und will es auch nicht. Es geht auf 22 Uhr zu.

Endlich hört er, wie im Flur der Fußboden knarrt. Die Tür geht auf, sein Vater steckt den Kopf herein und flüstert: »Komm!«

Marius schlägt seine Decke zurück und folgt ihm im Schlafanzug. Sie schleichen auf Zehenspitzen an der Küche und am Bad vorbei. An der Tür zum Elternschlafzimmer bleibt der Vater stehen, schaut Marius an und legt mahnend einen Finger auf seine Lippen. Dann öffnet er vorsichtig, als wäre er im Theater auf der Bühne, die Tür.

Die Mutter schläft und atmet tief. Der Vater nickt Marius zu. Sie schleichen weiter, am Zimmer von Marius' älterer Schwester Christiane vorbei zum Wohnzimmer.

Der Vater schließt die Tür und schaltet den Fernsehapparat ein. Die Mattscheibe beginnt zu flimmern, und aus dem körnigen Schwarz-Weiß treten allmählich die Konturen zweier Eishockeymannschaften hervor.

Marius' Vater zündet sich eine Zigarette an, schenkt sich einen Schnaps ein und lehnt sich zurück, wie sich auch Marius zurücklehnt. Er ist glücklich. Es gibt nur ihn und den Vater, das Sofa, den Fernseher und das Eishockeymatch.

Ein paar Wochen später, es ist der 4. Juli 1954, wird am Nachmittag im Fernsehen das Endspiel der Fußballweltmeisterschaft Deutschland gegen Ungarn live aus dem Berner Wankdorfstadion übertragen. Das Wohnzimmer der Müller-Westernhagens ist proppenvoll. Nachbarn und Kollegen von Hans Müller-Westernhagen aus dem Düsseldorfer Schauspielhaus sind gekommen, um sich das Spiel anzusehen. Ungarn ist hoher Favorit. Es gibt Bier, Schnaps und Schnittchen, von Marius' Mutter Liselotte und seiner Schwester geschmiert. Um 16.53 Uhr, sieben Minuten früher als geplant, wird die Partie angepfiffen.

Die Männer verfolgen angespannt die Partie, kommentieren laut, fluchen, trinken, rauchen und besetzen Stühle, Sessel, Sofa und den Platz neben Marius' Vater.

Zur Halbzeit steht es 2:2. Der Vater geht zum Bierholen in die Küche. Marius läuft ihm hinterher und sagt: »Die Arschlöcher sollen alle verschwinden!«

Das kostet eine Ohrfeige. Sein Vater lässt ihn stehen und kehrt zurück ins Wohnzimmer.

In der 84. Minute schießt Helmut Rahn für die deutsche Mannschaft das Tor zum 3:2. Im Wohnzimmer der Müller-Westernhagens gibt es kein Halten mehr. Als einer der Männer, es ist der Schauspielkollege Hermann Schomberg, sich zurück auf seinen Stuhl fallen lässt, kracht der unter ihm zusammen. Schomberg sitzt verdutzt, mit rotem Kopf, auf dem Boden. Marius lacht, und die anderen Männer lachen auch.

Abpfiff. Um 18.38 Uhr ist Deutschland Weltmeister. Der Jubel im Wohnzimmer ist so laut, dass Marius sich die Ohren zuhält.

Einen Tag später, am 5. Juli 1954, geht Marius mit seinem Vater auf die Königsallee.

»Extra-Ausgabe!«, ruft ein Zeitungsjunge.

Der Vater kauft ein Exemplar und schlägt die Zeitung auf. Sie werden sofort von Passanten umringt, die dem Vater über die Schulter schauen, mitlesen, kommentieren und diskutieren. Alle sind immer noch in Feierstimmung.

Auf dem Nachhauseweg bekommt Marius von seinem Vater einen Gummiball geschenkt. Der Ball ist so klein, dass er in seine Hosentasche passt. Er hat ihn von nun an immer dabei, spielt mit ihm bei jeder Gelegenheit auf der Straße, kickt damit auf dem Schulhof und im Park.

Er will unbedingt im Verein spielen, aber seine vorsichtige Mutter hat Bedenken und will ihn erst von einem Arzt untersuchen lassen. Doch letztendlich hat der Vater das letzte Wort, und Marius wird mit sieben Jahren bei Fortuna Düsseldorf angemeldet.

3

ES SIND ANGENEHME TEMPERATUREN, als ich um Punkt vier Uhr am Tor klingle und der Summer ertönt.

Marius steht in Jeans, Westernhemd und weißen Strümpfen in der Wohnungstür. »Kannst die Schuhe anbehalten oder ausziehen, wie du möchtest«, sagt er und schließt die Tür hinter mir. »Espresso?«

Wir rutschen auf Socken über das Parkett an einer Loggia mit zwei Korbsesseln vorbei zur offenen Küche. Auch hier hängen große Bilder, wie vorne im Wohnzimmer, moderne Malerei, aber auch Fotokunst.

Marius macht sich an der Espressomaschine zu schaffen. »Kann sein, dass zwischendurch mein Gitarrist aus den USA anruft«, sagt er. »Da muss ich dann kurz drangehen. Wegen der Zeitverschiebung geht es nur am Nachmittag.«

Ursprünglich hätte heute Abend die neue Westernhagen-Tournee in München starten sollen. Zweiundzwanzig ausverkaufte Konzerte in Theatern und Opernhäusern in ganz Deutschland mussten, wie alle anderen Veranstaltungen, wegen der Pandemie abgesagt werden.

»Wie geht es dir damit, dass deine Tournee ausfällt?«, frage ich.

»Es ist, wie es ist.« Er zieht einen Hebel fest. »Wir haben alles versucht, uns bleibt nichts übrig, als es zu akzeptieren.«

Er bemerkt meinen Blick auf das Bild an der Wand gegenüber. »Ein südafrikanischer Maler«, sagt er. »Aus den Achtzigerjahren. Schau dich ruhig um, das dauert hier noch einen Moment.«

Ich schlendere ins Wohnzimmer. Auf einem schmalen Regal stehen Romane, Sachbücher, Bildbände, darunter, sauber aufgereiht, abgegriffene Schallplatten. Drüben in der Küche geht eine Schranktür, es riecht nach Kaffee.

Im Regal lehnt ein Porträt von Grace Jones, daneben eines von einer anderen schwarzen Frau, Lindiwe Suttle-Westernhagen, genannt Lindi, Marius' Ehefrau. Ein Foto von Karl Lagerfeld, wie er mit strengem Blick bei Marius die Krawatte zurechtrückt. Daneben das Foto eines Mädchens, das in die Kamera strahlt und Ähnlichkeit mit Marius Müller-Westernhagen hat.

»Das ist Mimi«, sagt er, als er mit zwei Tassen um die Ecke kommt. »Meine Tochter. Auf dem Bild ist sie vier, inzwischen über dreißig. Unglaublich, wie schnell das ging.«

Seine Tochter lebt in London und ist ebenfalls Singersongwriterin, erzählt er mit hörbarem Stolz in der Stimme.

Mittlerweile steht zwischen den Sofas ein niedriger Tisch mit Fotobüchern. Marius setzt sich auf das Sofa, neben ihm liegt eine Gitarre, ich nehme gegenüber Platz.

»Hast du heute schon gespielt?«, frage ich.

»Geübt.« Er streift das Instrument mit einem Blick und nickt. »Ein bisschen, ja.«

»Übst du regelmäßig?«

»Zu wenig«, sagt er. »Viel zu wenig.« Er lacht kurz, sitzt nach vorn gebeugt, hat die Hände ineinandergefaltet und sagt, er habe immer das Gefühl gehabt, nicht gut genug zu sein und dass es nur eine Frage der Zeit sei, bis alle dahinterkämen.

»Hast du das auch beim Komponieren?«

Ohne zu zögern, schüttelt er den Kopf. »Wenn ich beim Arbeiten an so was denken würde, bekäme ich wahrscheinlich gar nichts zustande. Mir kommt eine Melodie in den Kopf, oder ich klimpere auf dem Klavier herum, und dann denke ich plötzlich: Oh, das könnte was sein! Und ich versuche es weiterzuentwickeln. Ich habe Glück, Komponieren ist für mich ein intuitiver Prozess, der mir leichtfällt.«

»Und das Schreiben der Texte?«

»Viel schwerer! Und es wird mit den Jahren auch immer schwieriger.«

»Warum?«

»Weil die eigenen Ansprüche an Sprache steigen. Man muss sich quälen, sich dahin begeben, wo's wehtut. Ich glaube nicht, dass man ohne eine gewisse Leidensfähigkeit künstlerische Werke erschaffen kann.«

Während er spricht, zieht er unbewusst seinen Ring ab, dreht ihn zwischen Daumen und Zeigefinger. »Immer wieder denke ich: Ich schreibe nie wieder einen Text. Aber dann geht es eben doch wieder mit einem weißen Blatt Papier los.«

»Wenn du deine alten Texte liest, wie findest du sie heute?«

»Die lese ich nur, wenn es unbedingt sein muss, zum Beispiel bei Tourneen. Zu einigen meiner frühen Texte habe ich natürlich eine gewisse Distanz. Aber es kommt vor, dass ich mal einen jahrzehntealten Text lese, überrascht bin und denke, verdammt, das ist ja gar nicht so dusselig. Wenn du jung bist, gehst du viel naiver ans Schreiben dran, du denkst weniger nach, bist weniger kritisch mit dir selbst. Das kann auch ein Vorteil sein. Je älter du bist, je mehr du durchlebt und erfahren hast, desto mehr reflektierst und überlegst du.«

»Gibt es Songs, die du rückblickend lieber nicht veröffentlicht hättest?«

Er schüttelt den Kopf. »Bei keinem Stück bin ich entsetzt und denke: Um Gottes willen, dass ich so was geschrieben habe! Ich hab natürlich viele Songs gemacht, die ich heute so nicht mehr schreiben würde, aber vor vierzig Jahren war ich ein anderer Mensch, vor dreißig Jahren auch und genauso vor zehn. Das Entscheidende ist für mich nicht, wie ich heute einen alten Song von mir finde, sondern dass ich weiß, dass ich ihn mit Überzeugung und Ehrlichkeit geschrieben habe.«

Er habe festgestellt, dass seine Songs ein Eigenleben entwickeln, erklärt er. »Immer wenn ich mal wieder auf sie treffe, sehe ich sie in einem anderen Licht – nicht nur, weil ich mich verändere, auch die Welt um uns herum verändert sich. Wenn meine Band und ich bei den Konzerten ältere Songs spielen, versuchen wir sie für uns selbst wieder interessant zu machen, indem wir sie anders arrangieren. Ich ändere auch hier und da mal eine Textzeile. Einige Songs kann ich aus meiner heutigen Sicht nur mit einer gewissen Ironie interpretieren.«

Marius sitzt vollkommen reglos da, und man weiß nicht, ob er gedanklich noch beim Thema oder schon ganz woanders ist. Die Augen wechseln alle paar Sekunden ihren Ausdruck, und der Mundwinkel zuckt.

»Manchmal schafft man es, die Menschen zu berühren«, fährt er dann fort, »weil man etwas artikuliert, das andere genauso fühlen, aber nicht in Worte fassen können. Du triffst einen Nerv – und plötzlich verkaufst du eine Million Platten und hast überhaupt nicht damit gerechnet. Das ist aber reine Glückssache. Jeder Idiot kann eine Million Platten verkaufen. Man ist zufälligerweise zur richtigen Zeit am richtigen Ort.«

»Das reicht?«

»Okay, du musst dann natürlich noch ein Lebensgefühl treffen oder das Gefühl einer Generation – bewusst oder unbewusst. Damit das Glück sich überhaupt entfalten kann, muss man sich etwas erarbeiten. Aber ich schwöre dir, es gibt so viele fantastische Musiker, die wesentlich talentierter sind als ich, von denen nie jemand etwas gehört hat, die diszipliniert arbeiten, aber«, er klatscht in die Hände, »denen fehlt einfach das Glück.«

Er lehnt sich zurück, schlägt ein Bein über das andere und sagt: »Kommerzieller Erfolg ist zumindest teilweise planbar. Mit massivem Marketing kann man sicherlich einiges steuern. Aber wenn man den Anspruch erhebt, Künstler zu sein, dann kann und darf man sich nicht den Marktanforderungen unterordnen.«

Den Ring hat er inzwischen auf seine Fingerspitze geschoben, wo er ihn weiterdreht, während er über etwas nachdenkt. »Ist es nicht zynisch«, fragt er, »wenn man – egal, ob in der Musik, der bildenden Kunst oder in der Literatur – versucht, seine Arbeit an einen vermeintlichen Publikumsgeschmack anzupassen? Stellt man sich damit nicht über die Leute und denkt, die merken nicht, dass man ihnen was vormacht? Deshalb finde ich es auch so ärgerlich, wenn Musikproduzenten sich schon während der Arbeit überlegen, wie sie ihr Produkt möglichst vielen Menschen andrehen können, und sogar zufrieden sind, wenn Künstler oder Künstlerinnen bewusst unter ihrem Niveau bleiben, weil dann die Verkaufschancen steigen. Du machst etwas mit Absicht schlecht, damit du es dann vielleicht besser verkaufst? Wenn das nicht zynisch und verachtend ist. In der Musikbranche wird oft gesagt: ›Ja, das ist großartig, aber das kann man so im Radio nicht spielen. Das will keiner hören.‹ Und wenn du dann antwortest: ›Wenn ich eine Platte mache, dann interessiert mich nicht, was jemand eventuell hören möchte, sondern was ich spielen will‹, dann wirst du angeguckt, als hättest du nicht alle Tassen im Schrank.«

Sein Vater, festes Ensemblemitglied am Düsseldorfer Schauspielhaus, damals eine der bedeutendsten Theaterbühnen Europas, habe gesagt, Kunst kann nur entstehen, wenn der Künstler aus sich selbst schöpft. Marius beugt sich wieder nach vorn, die Hände verschränkt, Ellbogen auf die Knie gestützt. »Das ist anstrengend, und manchmal tut es weh«, erklärt er. »Das bewältigst du nur, wenn du bereit bist, einen Seelenstriptease hinzulegen, und dich in der Konsequenz verletzbar machst. Wie wenn du einen Fuß auf ein Drahtseil setzt. Entweder du schaffst es und fängst an zu tanzen, oder du fliegst auf die Fresse. Das Publikum spürt, ob du wahrhaftig bist oder nicht. Das habe ich so oft erlebt. Egal, ob du vor drei Menschen auftrittst oder vor vielen Tausenden. Wenn du bei dir bist und wirklich empfindest, schaffst du eine Verbindung.«

4

DÜSSELDORF-HEERDT, IM OKTOBER 1957, die Familie wohnt inzwischen in der Heesenstraße 2. Marius' Mutter Liselotte ist nervös. Sie hat picobello aufgeräumt, geputzt, eingekauft und stundenlang gekocht. Marius sitzt gekämmt und gescheitelt im Wohnzimmer.

Im Treppenhaus sind Stimmen zu hören, ein Lachen, ein Schlüssel im Schloss. Seine Mutter nimmt ihre Schürze ab.

Hilde Krahl ist groß, schlank und trägt ein enges Kostüm mit Pelzkragen, seidene Handschuhe und glänzende hochhackige Schuhe. Mit ihr hält eine Wolke von Parfüm Einzug in die Wohnung. Die Frau ist nicht nur berühmt, sondern auch wunderschön. Marius stockt der Atem.

Die Schauspielerin beugt sich zu ihm hinunter, berührt seine Wange und schaut ihn mit ihren großen, schönen Augen an und sagt: »Du bist also Marius. Dein Vater hat mir schon viel von dir erzählt.«

Die Erwachsenen sitzen am Esstisch, es wird geraucht, getrunken, erzählt und gelacht. Die Schauspielerin aus Wien, bekannt aus Kino, Fernsehen und großen Theatern, gastiert am Düsseldorfer Schauspielhaus und spielt neben Hans Müller-Westernhagen in einer neuen Produktion. Noch laufen die Proben. Marius' Vater spricht mit seiner lauten Bühnenstimme, wie so oft, wenn er vom Theater nach Hause kommt. Hilde Krahl ist voller Bewunderung für ihn und seine Schauspielkunst.

Der Junge betrachtet und beobachtet den Gast genau: wie die Hände durch die Luft fliegen, wenn sie etwas erzählt. Wie sie die Finger spreizt und bewegt, wenn sie sich etwas ausmalt. Wie sie sich vorbeugt, wenn sein Vater ihr Feuer gibt, wie sie den Rauch auspustet, die Augen aufreißt, wenn der Vater eine Geschichte erzählt. Und er schaut sich das sorgfältige Make-up auf ihrem makellosen Gesicht an. Er kennt das alles vom Theater, von seinem Vater und dessen Schauspielkollegen, aber bei dieser Frau ist alles perfekt.

Irgendwann kommt es, wie es kommen muss, und Liselotte schaut auf die Uhr. Sie bemerkt sicher, dass der Sohn längst im Bett sein müsste. Aber er hat Glück: Gerade jetzt dreht Hilde Krahl sich zu ihm herum und fragt mit ihrer vollen, warmen Stimme, wie alt er ist und in welche Klasse er geht.

Er läuft rot an und sagt mit klopfendem Herzen, er sei acht Jahre alt und gehe schon in die dritte Klasse. Angespornt von ihrem Lächeln, erzählt er außerdem, dass er bei Fortuna Düsseldorf im Verein in der D-Jugend spielt. Hilde Krahl fragt, ob er das Buch von dem Jungen mit dem roten Luftballon kenne, und erzählt ihm die Geschichte: Ein Junge findet eines Tages einen roten Ballon, verliert ihn, aber er kommt nach Umwegen wieder zu ihm zurück. Marius gefällt die Geschichte, und Hilde Krahl verspricht, ihm das Buch zu schenken.

In dieser Nacht kann er lange Zeit nicht einschlafen. Er denkt an Hilde Krahl, sieht ihre Augen vor sich, riecht ihr Parfüm. Er hört die Erwachsenen im Wohnzimmer und denkt an die Geschichte, die sie ihm erzählt hat. Irgendwann fallen ihm doch die Augen zu.

Auch in den nächsten Tagen geht Marius die Diva nicht aus dem Kopf: Im Unterricht, im Pausenhof, beim Mittagessen zu Hause, auf dem Weg zum Training denkt er an sie. Nur auf dem Fußballplatz, wenn es darum geht, als Kleinster mit dem Ball an den anderen vorbeizudribbeln, Tore vorzubereiten und selbst zu schießen, ist er voll bei der Sache. Von Hilde Krahl hört er nichts, und auch sein Vater verliert kein Wort über das ausstehende Geschenk.

Eines Nachmittags, die Schule ist vorbei, ein Fußballtraining steht nicht an, geht er zum Hotel, in dem Hilde Krahl abgestiegen ist, setzt sich gegenüber vom Eingang auf die Mauer und lässt die Tür nicht aus den Augen.

Taxis fahren vor, Männer mit Hut steigen aus und verschwinden im Hotel, eine Dame in gepunktetem Kleid bleibt auf den Stufen stehen, schaut in die Sonne, setzt sich eine Sonnenbrille auf und geht die Straße hinunter.

Marius sitzt da und wartet. Irgendwann hält eine Limousine. Kurz darauf kommt Hilde Krahl im dunkelblauen Kleid mit weißem Kragen und rotem Gürtel heraus. Sie ist so schön und auch noch so nett, als sie mit dem Mann spricht, der zur Begrüßung aus der Limousine gestiegen ist und den Marius ebenfalls aus dem Theater kennt. Er überlegt, was er jetzt tun soll. Rufen?

Der Mann öffnet den Schlag, Hilde Krahl hält ihren Hut fest – und entdeckt über das Autodach hinweg auf der anderen Straßenseite Marius, der winkt.

»Guten Tag, junger Mann!«, ruft sie überrascht. »Was machst du denn hier?«

Er nimmt seinen ganzen Mut zusammen, kommt herüber und ruft: »Sie haben mir doch ein Geschenk versprochen!«

Hilde Krahl lacht. »Da hast du recht.« Sie lässt die Limousine warten, nimmt ihn bei der Hand, und er folgt ihr ins Hotel. Sie durchqueren das Foyer, die Diva wird bewundernd gegrüßt, sie lächelt, lässt sich aber nicht aufhalten. Mit dem Lift fahren sie ins obere Stockwerk.

Die Suite ist riesig, so groß wie bei den Müller-Westernhagens Küche und Wohnzimmer zusammen, wenn nicht größer. Sie verschwindet, kommt mit einem Buch zurück, setzt sich, zieht einen Füller hervor, schlägt die erste Seite auf und schreibt etwas hinein, bevor sie Marius das Buch überreicht.

Vorne drauf sind ein Junge und ein roter Ballon zu sehen. Er klappt das Buch auf und liest: »Für den lieben Marius von Deiner Freundin Hilde«.

※

Marius geht auf die Volksschule, gilt als intelligent und begabt, macht unter dem sanften Druck seiner Mutter seine Hausaufgaben und spielt weiter begeistert Fußball.

Alle zwei Wochen sonntags darf er zu den Heimspielen seines Vereins ins Rheinstadion gehen. An diesen Festtagen zieht er mit der großen, selbst genähten Vereinsfahne los, die größer ist als Marius selbst. Mit seinen Sportsfreunden feuert er die Mannschaft auf dem Spielfeld an. Er kann, wenn er will, ungewöhnlich laut rufen und schreien – eine Fähigkeit, mit seiner Stimme umzugehen, die er vielleicht von seinem Vater geerbt hat und die er durch das regelmäßige Anfeuern im Stadion noch ausbaut und perfektioniert. Noch kann sich niemand vorstellen, dass Marius in ferner Zukunft hier, im Düsseldorfer Rheinstadion, seine eigenen Lieder singen wird, vor Zehntausenden Fans, die jedes Wort mitsingen. Der Junge hat zu diesem Zeitpunkt auch nicht die geringste Ahnung davon, welch große Rolle die Musik in seinem Leben einmal spielen wird.

Aber eines Tages passiert ihm ausgerechnet nach einem Fußballspiel etwas, das er sein Leben lang nicht vergessen wird. Das Spiel ist vorbei, die Zuschauer strömen zu den Ausgängen des Stadions. Es ist voll, es ist eng, es ist heiß. Seine beiden Freunde hat Marius in der Menge der Schlachtenbummler verloren. Der Junge wird inmitten der riesigen grölenden Männer an eines der hohen Eisentore gedrückt. Die Leute können nicht weiter, andere drücken von hinten. Marius merkt, wie klein er neben all den Männern ist. Er kann den Himmel nicht mehr sehen. Am Boden liegen Glassplitter in der Bierpfütze, es stinkt nach Urin. Die Menge drückt ihn gegen das Gitter. Marius versucht sich irgendwie herauszuwinden, er ist eigentlich wendig, geschickt und sportlich, er kennt es vom Fußball, aber jetzt kann er nichts mehr tun. Er wird von fremden Körpern an das große Eisentor gedrückt, bekommt keine Luft, versucht zu schreien, aber niemand hört oder achtet auf ihn. Sein Gesicht am Tor, er bekommt keine Luft, im Kopf stechende Schmerzen. Man hatte das große Tor nicht geöffnet, sondern nur eine kleine Tür.

Die Situation löst sich im letzten Moment auf, als endlich das große Tor geöffnet wird und die Masse zügig herausströmen kann, Platz entsteht, der Junge bekommt wieder Luft.

Das Erlebnis trübt seine Begeisterung für das Fußballspiel nicht. Nur bei Massen wird er in Zukunft vorsichtig bleiben.

Außer Fußball liebt er Eishockey und besonders die Mannschaft und Spiele der Düsseldorfer Eishockey Gemeinschaft. Die DEG ist Kult, nicht nur wegen des Sports, sondern vor allem wegen der fantastischen Stimmung im Eissportstadion an der Brehmstraße, dem größten Stadion Deutschlands, wo bei jedem Heimspiel Tausende Düsseldorfer ihre Mannschaft anfeuern, nach jedem Tor Feuerwerk zünden, Lieder singen und Kuhglocken läuten. Das Spektakel sucht seinesgleichen und findet regelmäßig statt, obwohl die Mannschaft immer wieder den Aufstieg in die Eishockey-Bundesliga verpasst. (Als die DEG es Mitte der Sechzigerjahre endlich schafft, wird Düsseldorf alle zwei Wochen, bei jedem Heimspiel, von einer regelrechten Hysterie erfasst, und auch Marius lässt sich jedes Mal mitreißen.)

Weil die Spiele meistens abends stattfinden, ist seine Mutter dagegen, dass Marius loszieht und ins Stadion geht. Sie hat, wie immer, Angst um ihn. Aber sein Vater gibt ihm die Erlaubnis, und noch hat im Hause Müller-Westernhagen, wie in den allermeisten deutschen Haushalten, der Mann das letzte Wort.

Viel lieber sieht die Mutter ihren Sohn im heimischen Düsseldorf-Heerdt Gitarre bei der Lerngruppe spielen, bei der sie ihn angemeldet hat. Dort sitzt er nun einmal die

Woche im Kreis mit zwanzig anderen Schülern und muss über die Saiten der Lerngitarre streichen. Er hat zu dem Instrument ein ambivalentes Verhältnis. Er wollte Gitarre spielen lernen, aber die Lerngruppe langweilt, ja ekelt ihn geradezu an. Er bricht die Sache ab und will mit der Gitarre einstweilen nichts mehr zu tun haben.

Musik – das sind für den angehenden Jugendlichen die Lieder aus dem Theater, die er aus seiner Kindheit kennt und liebt, Lieder von Bertolt Brecht und Kurt Weill, Lieder aus dem *Faust*, *Es war einmal ein König*, von Gustaf Gründgens intoniert. Tief berührt ihn *Goodbye Johnny*, gesungen von Hans Albers. Bisher kennt er nur, was seine zwei Jahre ältere Schwester Christiane hört: nicht Elvis Presley, wie die meisten Mädchen ihres Alters, sondern Bobby Darin, Eddie Fisher oder Perry Como. Eigene Schallplatten, oder gar einen Plattenspieler, besitzt er noch längst nicht.

Zu Hause hängt die Stimmung stark vom gesundheitlichen Zustand des Vaters ab. Alkohol, Nikotin und Stress, vermutlich auch eine nicht diagnostizierte Depression belasten Hans Müller-Westernhagen wie so viele andere Menschen in dieser Zeit auch. Es sind die Nachwehen des Krieges. Hans Müller-Westernhagen wurde als hoch talentierter und sensibler junger Schauspieler, der schon zum festen Ensemble des Düsseldorfer Staatstheaters gehörte, mit Anfang zwanzig von der Kriegsmaschine einkassiert, geschluckt und ein paar Jahre später schwer verletzt, mit Granatsplittern in den Beinen, wieder ausgespuckt. Bei Kriegsende war er 26 Jahre alt, und anfangs gelang es ihm, sich mithilfe von Alkohol, Nikotin und Medikamenten durchzuschleppen, aber auch mit immer neuen Theaterrollen, in die er sich hineinflüchtete und in denen er Inseln des inneren Friedens fand.

Seit dem Ende der Fünfzigerjahre spielt er zunehmend in TV-Produktionen und weniger am Theater, vor allem, weil die Dreharbeiten fürs Fernsehen zeitlich überschaubar und weniger stressig sind als die endlosen Theaterproben am Tag und die kräftezehrenden Vorstellungen am Abend vor großem Publikum – oftmals gefolgt von langen Stunden in der Theaterkantine und in Kneipen, bei denen reichlich Alkohol fließt. Aber auch, weil Hans Müller-Westernhagen sich mit dem neuen Intendanten des Düsseldorfer Schauspielhauses lange nicht so gut versteht wie mit Gustaf Gründgens, der inzwischen als Intendant von Düsseldorf nach Hamburg gewechselt ist und dessen Angebot mitzukommen er ausgeschlagen hat.

Nebenbei ist Hans Müller-Westernhagen regelmäßig an Hörspielproduktionen beteiligt, die sich in Deutschland größter Beliebtheit erfreuen. In nahezu jedem Haushalt steht ein Radiogerät. Manchmal nimmt der Vater seinen Sohn zu den Aufnahmen mit ins Studio, und nicht selten wird der kleine Marius mit seiner hellen Stimme bei der Gelegenheit vom Fleck weg für eine Kinderrolle eingesetzt. Er macht das so gut, dass er für die Hörspielproduktion von *Krieg und Frieden* gleich alle Kinderrollen spricht. Müller-Westernhagens Sohn ist offenbar ein guter Beobachter und Zuhörer und kann sich schnell in die verschiedenen Rollen einfühlen.

Bei Aufnahmearbeiten im Kölner Studio, an denen auch Hans Müller-Westernhagen beteiligt ist, bringt einer der Kollegen unbemerkt die Tuberkulose mit. Das Bazillus hat es leicht: Die Kollegen im Studio stehen um ein einziges Mikrofon herum, auf einen Schlag stecken alle Beteiligten sich an. Wochenlang liegt Marius' Vater im Bett, ist sich selbst und den verdrängten Erinnerungen und Kriegstraumata ausgeliefert, wird immer stiller und verstummt. Als er die Tuberkulose endlich auskuriert hat, kommt er trotzdem kaum mehr hoch. Und Verwandte, aber auch Kollegen und Freunde nehmen ein wenig verwundert und irritiert zur Kenntnis, dass der Herr sich erlaube, so viel Zeit im Bett zu verbringen.

Dabei wird gerade jetzt jede arbeitende Hand gebraucht. Die deutsche Wirtschaft nimmt Fahrt auf, sie brummt, das Wirtschaftswunder entsteht. Es gibt Arbeit, Arbeit, Arbeit, die Löhne steigen und steigen. Arbeitslosigkeit ist kein Thema mehr, sondern der Mangel an Arbeitskräften, an Menschen, die mit anpacken. Auch Frauen und Jugendliche müssen mit ran, der Wiederaufbau wird vorangetrieben, der neue Wohlstand will verdient werden. All das hält die Deutschen auf Trab. Da stellt ein Mann, der konsequent zu Hause im Bett bleibt, alles infrage.

Vielleicht ist es sogar noch schlimmer: Die Tatsache, dass sich jemand der Betriebsamkeit entzieht, einfach nicht mitmacht, streikt, könnte daran erinnern, dass vor gar nicht langer Zeit etwas Ungeheuerliches in Deutschland passiert ist. Geschehnisse, über die keiner sprechen will: die Begeisterung für den Nationalsozialismus und die Vertreibung und Ermordung des jüdischen Teils der Bevölkerung. Und daran, dass etliche Repräsentanten aus der Nazizeit in Politik, Wirtschaft, Justiz, Universitäten, nicht nur wegen ihres möglichen Fachwissens, oft nur wegen ihrer guten alten

Beziehungen wieder auf Posten sind. Man möchte all das vergessen, und weil das nicht möglich ist, greift man zum letzten Mittel und erklärt die nahe Vergangenheit zum Tabu – dann kann man sich zumindest vormachen, es wäre nichts geschehen.

In dieser Zeit übernimmt Liselotte Müller-Westernhagen einen Job als Telefonistin in der Düsseldorfer Taxizentrale, damit wenigstens das Allernötigste für die Familie da ist. Aber auch als ihr Mann langsam wieder auf die Beine kommt und in der Lage ist, kleinere Rollenangebote anzunehmen, schuftet sie weiter und ist sich für keine Arbeit zu schade. So hangelt sich die Familie Müller-Westernhagen durch das Ende der Fünfzigerjahre – mehr recht als schlecht und manchmal auch umgekehrt.

Eine erfreuliche Nachricht immerhin gibt es im neuen Schuljahr 1959 zu vermelden: Sohn Marius wechselt auf Anraten der Lehrer von der Volksschule auf das renommierte Humboldt-Gymnasium an der Pempelforter Straße. Die Eltern sind stolz, sogar glücklich.

Nur: Marius gefällt das Dasein als Gymnasiast und das Humboldt-Gymnasium leider gar nicht. Latein und Griechisch interessieren ihn so wenig wie Mathematik. Und in den Fächern Deutsch und Kunst befindet er sich in einer eigenartigen Schieflage: Einerseits ist er der Schüler, der wie alle anderen von nichts eine Ahnung hat, andererseits kann er auf Knopfdruck Goethe rezitieren, weil er sich an der Seite seines Vaters schon lange in der Welt des Theaters bewegt.

Im Sport wäre die Note ›Eins‹ dem geübten Fußballer sicher, gäbe es für ihn nicht ein unüberwindbares Problem:

Er mag am Schwimmunterricht nicht teilnehmen, weil er sich für seinen dünnen, schmächtigen Körper schämt. Er will sich auf keinen Fall vor den anderen ausziehen und lässt sich von Eltern, Lehrern und Mitschülern weder überlisten, überreden noch drängen, bleibt ausnahmslos am Beckenrand im Trocknen, und so reicht es in der Gesamtnote Sport nur für eine Zwei.

Aber ein weiteres Problem, das mit Gewalt zu tun hat und von der Lehrerschaft ausgeht, rollt schon auf den Schüler zu und wird seinem Leben bald eine entscheidende Wendung geben.

5

WIR SITZEN UNS NOCH IMMER in Marius' Wohnzimmer gegenüber und er erzählt gerade von einem Besuch in der Justizvollzugsanstalt Flensburg. Vor einigen Jahren wurde dort für die Strafgefangenen eine Retrospektive der Westernhagen-Filme veranstaltet, und Marius nutzte die Gelegenheit und fuhr hin.

»Sehr humaner Strafvollzug, großartig«, sagt er, »ein ungemein empathischer Leiter. Die Insassen dürfen ihre Zellentüren mehrere Stunden am Tag offen halten und ihre Zellen dekorieren. Wenn du siehst, wie die größten Machos ihren Raum mit Fotos ihrer Familien an den Wänden herrichten, dann ist das sehr berührend. Ich habe mit ihnen gesprochen, obwohl die Leitung bei einigen Bedenken hatte. Du triffst da auf Männer, die als Kinder und als Jugendliche schwerste Kränkungen erfahren haben, bis irgendwann ein Moment kam, an dem alles kippte.«

Er berichtet, wie der Leiter ihn auf dem Gelände herumführte bis zu einem Sportplatz, auf dem die Strafgefangenen im Kreis joggten und auf dessen anderer Seite ein Haus stand. »Und ich frage den Leiter, was da in dem Haus passiert. Tja, sagt der, da sitzt einer, bei dem gibt es keine Chance, der ist von Grund auf böse. Wie?, fragte ich, was soll das heißen: von Grund auf böse? So was gibt es doch gar nicht. Doch, antwortete er, das sei zwar selten, aber bei diesem Insassen scheine es wirklich zuzutreffen. Ein Mensch, der zu Mitgefühl nicht fähig ist, das sei auch nicht behandelbar. Der Mann sei hochintelligent, und es falle ihm leicht, andere zu manipulieren, und wenn es nur die geringste Chance gäbe, jemanden umzubringen, würde er das tun.« Er lehnt sich zurück. »Ich hätte mich gern mit ihm unterhalten, ich glaube nicht, dass Menschen grundsätzlich böse sein können.«

Plötzlich ertönt laute Klaviermusik. Es ist ein Jingle und kommt aus dem Smartphone neben Marius auf dem Sofa. »Das ist Larry, entschuldige bitte.« Sie sprechen ein paar Minuten.

Nach dem Gespräch legt er das Smartphone zur Seite und erzählt von Larry Campbell, dem Musiker, der schon auf zwei Westernhagen-Alben mitgearbeitet hat. Der Grammy-Gewinner hat elf Jahre mit Bob Dylan gespielt und auch auf dem letzten Keith-Richards-Album mitgewirkt. Er lebt in Woodstock, NY, wo er auch herstammt. Der neue Westernhagen-Song, den sie beide gerade arrangieren, heißt *Black Lives Matter*.

»Ich musste einfach über die Unruhen in Amerika schreiben, über das, was im Augenblick passiert. Mir schwebte ein Kampflied vor, das die ›*Black Lives Matter*‹-Bewegung unterstützt.«

Normalerweise würde er jetzt mit seinen Musikern ins Studio gehen und mit ihnen den Song aufnehmen. Aber sie sind Amerikaner, und wegen Corona kann niemand reisen.

»Also«, sagt er, »bin ich zu einem Experiment gezwungen. Ich werde den neuen Song mit den Musikern auf digitalem Weg entwickeln, jede Spur einzeln, und sie dann hier in Berlin im Studio zusammenbringen.«

»Wie gehst du konkret vor?«

»Ich lasse zuerst eine Schlagzeugspur mit einem Drum-Programm erstellen«, erklärt er. »Wenn ich mit dem Resultat zufrieden bin, geht es zu Jack, meinem Bassisten. Der spielt dazu den Bass. Den Guide liefert immer eine Akustikgitarre mit meinem Gesang, der sogenannte Arbeitsgesang. Damit hast du praktisch die *rhythm section* zusammen. Ein berühmter jamaikanischer Reggae-Produzent hat mal gesagt: ›*Music from the ghetto is the bass and the drums.*‹ Genau so ist es! Wenn das perfekt ist, dann hat alles andere ein Fundament.«

»Und was passiert dann?«

»Dann kommen die anderen Instrumente und die Dinge dazu, die im Arrangement vorgesehen sind.«

»Was ist mit deiner Stimme?«

»Die wird zum Schluss aufgenommen.«

Er drückt Arme und Rücken durch, die Hände auf den Knien, wie zum Sprung bereit. »Ich hoffe, dass es funktioniert«, sagt er. »Vielleicht funktioniert es sogar gut.«

»Willst du das auch mit anderen Songs, die du schon geschrieben hast, so machen?«

Die Wohnungstür ist zu hören. »Bin zurück!«, ruft eine Frauenstimme. »Auto steht in der Tiefgarage. Schuhmacher habe ich keinen gefunden.«

»Wenn das Experiment gelingt«, antwortet Marius, ohne auf den Zwischenruf zu reagieren, »ist das im Augenblick die einzige Option.«

Jemand schaut um die Ecke und sagt: »Oh.«

Wir begrüßen uns. Es ist seine Frau Lindi Suttle-Westernhagen, Sängerin und Drehbuchautorin aus den USA.
»Setz dich doch zu uns«, sagt er.
»Würde ich gerne, aber ich habe leider keine Zeit.« Lindi verschwindet. »Kennst du einen guten Schuhmacher?«, fragt sie noch.
»Goethestraße«, sage ich.
»Goethe?«
»Zwischen Grolman und Knesebeck.«
»Danke!«
Marius fährt fort und erzählt von den übrigen Musikern und von dem Drum-Programmierer, Komponisten, Pianisten und Produzenten Ray Angry, der sehr viel mit der Band The Roots arbeitet und auch schon einen Grammy gewonnen hat.
»Mit ihm arbeite ich für *Black Lives Matter* das erste Mal. Mein Bassist hat ihn mir empfohlen. Bei einem Song mit dieser Thematik tausche ich mich natürlich mit meinen schwarzen Freunden aus, ob ich als Weißer das Recht dazu habe, mich zu diesem Thema zu äußern, allen voran Lindi. Ich will ja niemanden verletzen. Ganz im Gegenteil, ich will was tun.«
Im Song *Black Lives Matter* setzt er sich für die Gleichberechtigung von Schwarzen und Weißen ein. Er war fünfundzwanzig Jahre mit der Afroamerikanerin Romney Williams verheiratet, seit fünf Jahren ist Lindi seine Ehefrau. Er erlebt also seit über dreißig Jahren die Reaktion einer weißdominierten Gesellschaft auf dunkelhäutige Menschen.
Später lese ich den offenen Brief, den Marius Müller-Westernhagen unter dem Eindruck der *Black-Lives-Matter-*

Demonstrationen in den USA geschrieben und am 10. Juni 2020 in den sozialen Netzwerken veröffentlicht hat:

Ich bin mit einer schwarzen Frau verheiratet und habe mir mit der Borniertheit eines weißen liberalen Menschen lange angemaßt, verstehen und nachempfinden zu können, was Menschen mit anderer Hautfarbe als wir seit Jahrhunderten erleiden. Ich habe durch die Tränen, die Verzweiflung und die maßlose Wut meiner Frau und anderer schwarzer Freunde in dieser Zeit erfahren müssen, dass diese Haltung ignorant ist. Wir Weiße sind seit unserer Geburt privilegiert. Was solche tief implantierten, Generationen überschreitenden Traumata bei den hier Betroffenen auslösen, ist für uns Weiße nicht begreifbar. Wir haben sie nie erleiden müssen. Was ich in den letzten Tagen gelernt habe, ist, dass es nicht reicht, kein Rassist zu sein. Wir können nicht nur Sympathie zeigen, sondern müssen uns an die Seite der Menschen stellen, die solches Unrecht erfahren. Wir müssen ihre Verbündeten sein. Weiße haben dieses Problem geschaffen und geduldet. Weiße müssen bereit sein, aktiv an der Beendigung dieser menschenverachtenden Politik zu arbeiten.

6

ANFANG 1963. Marius geht seit dreieinhalb Jahren auf das Humboldt-Gymnasium, fährt jeden Morgen mit der Straßenbahn von der Heesenstraße in die Pempelforter Straße, und er hasst es. Das Schulgebäude mit den dicken Mauern ist für den Schüler ein Gefängnis, der Geruch nach Bohnerwachs auf den Gängen verursacht ihm Übelkeit, und der Französischlehrer ist ein Mensch zum Fürchten.

Jedes einzelne der sechzehn Verben der Bewegung versucht der Mann durch Schläge mit dem Lineal und Beschimpfungen aus den Schülern herauszuprügeln. Wer das indirekt vorausgehende Akkusativobjekt nicht erkennt, bekommt seinen Schlüsselbund nachgeworfen. Und wer immer noch nicht begriffen hat, dass sich das Gerundium aus dem Wortstamm der ersten Person Plural ableitet, kassiert vor der versammelten Klasse Dresche. Der Unterricht in Französisch ist für Marius mit den Erziehungsmethoden aus der Kaiser- und Nazizeit verbunden, wo noch Zucht und Ordnung herrschten und im Klassenzimmer der gleiche Ton angeschlagen wurde wie auf dem Kasernenhof. Viele Lehrer der Bundesrepublik sind noch geprägt von der Zeit vor dem Krieg und haben die alten Methoden in die neue Zeit hinübergerettet.

»Es wird schon seine Richtigkeit haben, wenn der Lehrer das so macht«, ist eine Standardantwort, die Kinder in dieser Zeit von ihren Eltern zu hören bekommen, die es aus ihrer Schulzeit auch nicht anders kannten. Der Lehrer ist eine Autorität, und Autoritäten muss man sich eben beugen.

Auch Marius' Mutter ist dieser Meinung. Als Tochter eines Offiziers hat sie früh gelernt, dass man besser zu gehorchen und seine Pflichten zu erfüllen hat. Doch sein Vater sieht die Sache anders.

Als Marius ihm eines Tages ausführlich berichtet, wie es hinter den Mauern des Humboldt-Gymnasiums zugeht, dass die Schule ein Ort des Grauens ist und er täglich nur mit großer Angst und noch größerem Widerwillen hingeht, zögert sein Vater nicht lange und greift zum Telefon. Nach einem kurzen Gespräch, in dem er dem Direktor seine Meinung geigt, meldet er seinen Sohn von der Schule ab. Die Schullaufbahn des Achtklässlers Marius Müller-Westernhagen endet abrupt. Über Nacht beginnt für den Vierzehnjährigen ein neuer Lebensabschnitt.

Von dem, was in der Welt passiert, bekommt Marius in dieser Zeit höchstens etwas mit, wenn die Eltern am Abend die *Tagesschau* gucken oder das Radio läuft. Der Deutsch-Französische Freundschaftsvertrag, der den ersten Schritt in Richtung europäische Einheit markiert, wurde am 22. Januar 1963 von Bundeskanzler Konrad Adenauer und Staatspräsident Charles de Gaulle im Pariser Élysée-Palast unterschrieben. Das Wettrennen zwischen Russen und Amerikanern um die Vorherrschaft im All und auch die Kuba-Krise im Herbst 1962, als die beiden Supermächte sich mit Flugzeugträgern und atomaren Sprengköpfen in der Schweinebucht gegenüberstehen und die Welt, keine zwanzig Jahre nach Ende des Zweiten Weltkriegs, in einen Abgrund schaut, hat Marius in der Nacht mit seinen Eltern vor dem Fernseher mitverfolgt. Der Regierungschef der Sowjetunion, Nikita Chruschtschow, ist ihm ein Begriff und der US-Präsident John F. Kennedy die neue Lichtgestalt auf der politischen Weltbühne.

Auch in Deutschland wird der Wandel in den USA verfolgt, wo die *Civil Rights Movement*, die Bürgerrechtsbewegung der Afroamerikaner, ihren Höhepunkt am 28. August beim Marsch von 250 000 Menschen auf Washington erreicht. Martin Luther King prägt in seiner Rede vor dem Lincoln Memorial mit den Worten *I have a dream* einen Satz für die Ewigkeit, und Musiker wie Bob Dylan und Joan Baez treffen ein Lebensgefühl. Mit einem neuen Bürgerrechtsgesetz will Kennedy die vollständige Gleichberechtigung von zwölf Millionen afroamerikanischen Bürgern der USA mit ihren weißen Mitbürgern festschreiben, kann sich damit im Kongress allerdings nicht durchsetzen. Doch es ist etwas ins Rollen gekommen, das nicht mehr aufzuhalten sein wird.

65 Kilometer von Marius' Wohnort, auf dem Flughafen Köln/Bonn, landet am 23. Juni 1963 der schon jetzt legendäre US-Präsident John F. Kennedy in Deutschland und fährt im offenen Wagen an jubelnden Rheinländern vorbei zu einer Stippvisite nach Köln, zum Kölner Dom, und bricht von dort zu einem Staatsbesuch in die Bundeshauptstadt Bonn auf. Wenige Tage später spricht er in Berlin, das seit knapp zwei Jahren durch eine Mauer in Ost und West geteilt ist, in Anwesenheit des Westberliner Bürgermeisters

Willy Brandt und des Bundeskanzlers Adenauer vor dem Schöneberger Rathaus die berühmten Worte: »Ich bin ein Berliner.« Umso schwerer ist die Erschütterung auch in der deutschen Öffentlichkeit, als nur fünf Monate später, am 22. November, die Nachricht von der Ermordung Kennedys einschlägt.

In Marius' Welt spielen andere Dinge eine wichtigere Rolle. Zum Beispiel die Erfindung eines neuen Musikabspielgerätes, das sich Kassettenrekorder nennt, ein kleiner, kompakter Nachfolger des Tonbandgeräts. Die Firma Philips stellt den Kassettenrekorder auf der Berliner Funkausstellung vor, dazu die kleine Kompaktkassette mit Magnetband und einer Aufnahmekapazität von 90 Minuten auf zwei Seiten. Die neue Technik ist für Marius unerschwinglich, aber sein Vater denkt schon über eine Anschaffung nach.

Sein Sohn fiebert als besessener Fußballspieler und Fan von Fortuna Düsseldorf der Gründung der Fußball-Bundesliga und der ersten Saison entgegen, die am 24. August startet. Fortuna Düsseldorf hat die Beteiligung leider knapp verpasst (und wird sie auch in den kommenden zwei Jahren knapp verpassen), das benachbarte Köln dagegen dominiert die Saison und wird erster Deutscher Meister, vor dem zweitplatzierten MSV-Duisburg (damals noch Meidericher SV), Eintracht Frankfurt, Borussia Dortmund und VfB Stuttgart.

Als Gustaf Gründgens stirbt und der große wie politisch umstrittene deutsche Schauspieler und ehemalige Intendant des Düsseldorfer Schauspielhauses in Hamburg zu Grabe getragen wird, trauert Hans Müller-Westernhagen, der so viele Jahre mit ihm gearbeitet hatte. Auch Marius ist betroffen, zumal er an den Mann, dem er in seiner Kindheit am Schauspielhaus hinter den Kulissen oft über den Weg gelaufen ist, ganz eigene, frühe Erinnerungen hat.

Natürlich entgeht dem Jugendlichen nicht, dass Konrad Adenauer, der erste Kanzler der Bundesrepublik, nach vierzehn Jahren im Amt am 15. Oktober 1963 zurücktritt. Marius hat in seinem bisherigen Leben keinen anderen Bundeskanzler gekannt. Ein gewisser Ludwig Erhard übernimmt das Amt und sieht seine Aufgabe als neuer Kanzler vor allem darin, die D-Mark und die Preise stabil zu halten – was immer das bedeutet.

Weitgehend unkommentiert, vielleicht auch gar nicht weiter wahrgenommen wird die Demonstration am 10. Dezember von 30 000 Kriegsverletzten in Bonn, die sich gegen den Plan der Regierung stellen, achtzehn Jahre und sieben Monate nach Ende des Weltkrieges zunächst nur die Renten für Schwerbeschädigte und nicht die Bezüge für alle Kriegsverletzten zu erhöhen. Über den Krieg, den die Eltern als junge Erwachsene durchgemacht, und die Dinge, die sie in der Zeit erlebt haben, wird zu Hause bei den Müller-Westernhagens nie gesprochen, und schon gar nicht vor den Kindern. Marius weiß nicht, warum, aber er weiß, dass er nicht nachfragen soll, und das macht ja auch sonst keiner. Krieg und alles, was davor in Deutschland geschah, ist ein Thema, das keines sein darf. Wie die Vergangenheit die Gegenwart trotzdem beeinflusst, zum Beispiel bei seinem Vater, dem die eigenen Kriegserlebnisse keine Ruhe lassen, ihn jeden Tag dazu bringen, Schnäpse zu kippen und sich eine Zigarette nach der anderen anzuzünden, kann Marius noch genauso wenig durchschauen wie die Auswirkungen auf sein eigenes Leben, seine Psyche und sein seelisches Wohlbefinden.

Während seine Mutter noch höchst besorgt überlegt, welche Ausbildung der Sohn anstelle des Gymnasiums absolvieren könnte, und dabei an die zweijährige Handelsschule denkt, wo er sich zumindest den Realschulabschluss sichern kann, hat sein Vater schon eine andere Idee.

In der neuen und noch überschaubaren Branche des deutschen Fernsehfilms ist Hans Müller-Westernhagen inzwischen gut vernetzt. Als Mann vom Theater, der nach dem Krieg beinahe nahtlos an seine Vorkriegskarriere als festes Ensemblemitglied am Düsseldorfer Schauspielhaus (damals noch Städtische Bühnen Düsseldorf) anknüpfen konnte, wirkte er auch bereits an zahlreichen Hörspielproduktionen mit, unter anderem an der Hörspielfassung von Gustaf Gründgens' *Faust*-Inszenierung, die 1954 auf Schallplatte erschien und als Geburtsstunde des deutschsprachigen Hörbuchs gilt. 1956 führte Hans Müller-Westernhagen Regie im Kinofilm *Das Dorf in der Heide,* in dem er auch die Hauptrolle übernahm. In diesem Film hätte sein Sohn Marius übrigens den ersten Auftritt im deutschen Film haben sollen und auch können. Eine größere Szene – die Familie am Esstisch – wurde tatsächlich gleich mehrfach gedreht, aber später stellte sich heraus, dass die Szene in jeder Version unbrauchbar war, weil der kleine Marius, damals erst sieben Jahre alt, sich in jeder Aufnahme zu sehr in den Vordergrund gespielt hatte. Die Szene trotzdem in den Film einzubauen, nur weil der eigene Sohn darin vorkommt und der natürlich mächtig stolz ist, kam für Hans Müller-Westernhagen nicht infrage. Bei der Kunst machte er keine Kompromisse. Letztlich konnte der Film wegen der überraschenden Pleite der Filmproduktionsfirma dann aber sowieso nicht fertiggestellt werden.

Wenige Monate nach Abbruch seiner Schulausbildung steht Marius zum ersten Mal vor der Kamera, in einer kleinen Nebenrolle in dem Fernsehkrimi *Die Truhe*. In einer weiteren Rolle spielt sein Vater. Es ist nicht nur der erste Film, in dem sie beide mitspielen, es wird auch der letzte sein. Aber das können sie zu diesem Zeitpunkt noch nicht wissen.

SCHWIMMEN

Schwimmst du gerne, Marius?

Ich habe immer darunter gelitten, dass ich nicht schwimmen konnte und auch nicht kann. Ich versuche es damit zu entschuldigen, dass auch mein Vater, mein Großvater und mein Urgroßvater nicht schwimmen konnten.

Aber deine Mutter war doch eine gute Schwimmerin – hat sie dich nicht gedrängt, schwimmen zu lernen?

Ich glaube, sie hatte insgeheim immer Angst, dass ich das nicht überleben würde. Sie hatte ständig Angst um mich.

Und du hast es auch als Erwachsener nie versucht?

Nein. Lindi will mir deshalb immer, wenn wir in Südafrika sind, Schwimmflügel kaufen. Sie sagt: »Du hast den perfekten Körper fürs Schwimmen, mit langen Gliedern.« Aber sie schwimmt ja selbst nicht. Dann fragt sie: »Wozu hast du dann überhaupt einen Pool?«, und ich sage: »Damit ich daran sitzen kann und meine Beine hineinhängen kann.« Ich liebe es, am Pool zu sitzen.

Wenn du jetzt im Wasser wärst, könntest du dich so bewegen, dass du nicht untergehst?

Also, ich bin mir da nicht so sicher, ob das gut geht.

Hast du Angst vor Wasser?

Nein.

Aber es ist doch nicht ungefährlich, an einem Pool zu sein, ohne schwimmen zu können.

In dem Pool kann man nicht untergehen.

Ist er so flach?

Zumindest auf der einen Seite. Und außerdem ist er klein.

Wenn du auf einem Boot bist und um dich herum ist nur Wasser – macht dich das nervös?

Es gibt doch Schwimmwesten. Ich habe auch schon in Ruderbooten gesessen. Nein, da habe ich keine Angst, komischerweise.

7

IM SOMMER 1963 sucht der Regisseur Wilhelm Semmelroth für das Filmprojekt *Die höhere Schule* (nach einer Geschichte von Scholem Alejchem), einen jungen begabten Schauspieler für die dritte Hauptrolle neben den renommierten Schauspielgrößen Martin Berliner und Ida Ehre. Es geht um ein jüdisches Ehepaar, das um die Jahrhundertwende während der Pogrome seinen einzigen Sohn Moische auf die höhere Schule schicken möchte. Sie wissen, dass dies praktisch unmöglich ist, weil man jüdische Kinder dort nicht haben will, aber sie versuchen es trotzdem. Der WDR hat das Stück zuvor schon einmal mit Ida Ehre, die während der Nazizeit selber verfolgt worden war, für den Hörfunk produziert und einen Erfolg gelandet. Nun möchte der Sender *Die höhere Schule* ins Fernsehen bringen. Der Regisseur hat mit Hans Müller-Westernhagen schon Filme gedreht und während der Dreharbeiten auch dessen Sohn kennengelernt. Semmelroth erzählt Hans Müller-Westernhagen von seiner Idee und fragt, ob der seinem Sohn erlauben würde, die Rolle zu übernehmen. Da müsse er den Sohn selbst fragen, erklärt Hans Müller-Westernhagen. Marius sei nun alt genug und müsse das allein entscheiden.

Eigentlich zieht es den Jungen mehr zum Sport – als Berufsvorstellung stehen Profisportler oder Sportreporter ganz oben auf seiner Liste, während die Schauspielerei überhaupt nicht vorkommt, weil er diesen Beruf gar nicht so ernst nehmen mag (wird der kleine Marius gefragt, was sein Vater beruflich macht, antwortet er mit »Quatschmacher«, und Marius benutzt das Wort bald auch manchmal für sich selbst). Außerdem beobachtet er, wie stressig und – im Falle seines Vaters – sogar zerstörerisch der Job sein kann. Dennoch ist ihm das Arbeitsumfeld am Theater, im Fernseh- und Hörfunkstudio so urvertraut wie auch die konkrete Arbeit selbst: das Textlernen, das Einfühlen in die Charaktere, die Zusammenarbeit mit Teamkollegen, die punktgenaue Konzentration genauso wie das ständige Warten. Und die ersten Male, bei denen er selbst vor der Kamera stand, wie im Frühjahr 1963, als er die Rolle des Jimmy in der WDR-Fernsehproduktion *Die Chorjungen von St. Cäcilia* übernahm, stellte er fest, dass die Arbeit ihm nicht nur leichtfällt, sondern auch Spaß macht.

Als er jetzt erfährt, dass es für seine erste Hauptrolle in *Die höhere Schule* eine Gage von 1500 D-Mark gibt, sagt er sofort zu. Die Summe ist in seinen jugendlichen Augen astronomisch, damit, denkt er, ist er bis ans Ende seines Lebens versorgt. Marius, der deutlich jünger aussieht, als er ist, schlüpft in diesem Sommer, kurz nachdem er selbst seine Schullaufbahn abgebrochen hat, also in die Rolle des Moische, der so gerne auf die höhere Schule möchte.

Gedreht wird in den WDR-Studios in Köln. Er fährt jeden Tag mit der Bahn hin und her oder wird von seiner Mutter gefahren. Aus dem problematischen Schulabbrecher vom Frühjahr ist im Sommer schon fast ein kleiner Filmstar geworden – so jedenfalls kommt es ihm selbst vor. Und weil die Eltern diesen Gedankensprung schon ahnen, achtet besonders seine Mutter noch ein bisschen mehr darauf, dass ihr Sohn sich stets höflich und korrekt verhält. Aber auch sein Vater nimmt ihn eines Abends zur Seite und gibt ihm einen Leitsatz für sein Leben mit auf den Weg: »Egal wie erfolgreich oder reich du vielleicht einmal werden solltest«, trichtert er ihm ein, »komm nicht auf die Idee, dich jemals über andere Menschen zu stellen. Du bist weder besser noch schlechter als sie.«

Nicht nur das hat Marius von seinem Vater gelernt, sondern auch die akribische Vorbereitung auf den Dreh, vor allem das fleißige und wortgenaue Textstudium. Er lernt das Drehbuch von *Die höhere Schule* komplett auswendig, auch die Passagen aller anderen Rollen, und spielt im Studio seinen Part hoch konzentriert. Die Spannung, das Lampenfieber und den Adrenalinschub findet Marius so aufregend, dass er sich im Laufe der Dreharbeiten zum ersten Mal vorstellen kann, dass die Schauspielerei einen festen Platz in seinem Leben einnehmen wird.

Schon nach wenigen Drehtagen in seiner ersten Hauptrolle fällt ihm auf, dass er beim Verlassen des Studios seine Rolle mühelos hinter sich lassen kann und erst wieder in sie hineinschlüpft, wenn er das Studio am nächsten Tag betritt. Es funktioniert bei ihm ganz anders, als er es all die Jahre bei seinem Vater beobachtet hat. Dem fällt es nämlich schwer, seine Rolle zu verlassen und zu sich selbst in die reale Welt zurückzukehren. Der Vater bleibt in seinen Rollen, findet dort einen Halt, auch wenn das ebenso wenig eine Lösung ist wie das Abtauchen in den Alkoholrausch. Die ganze Dimension dahinter kann Marius noch längst nicht verstehen, aber intuitiv ist ihm schon jetzt klar, dass er einige Dinge grundsätzlich anders machen muss als sein Vater.

Am letzten Drehtag hat Ida Ehre ein Geschenk für den begabten jungen Hauptdarsteller, der mit seiner professionellen Arbeitsweise das gesamte Filmteam beeindruckt hat. Unter den wohlwollenden Blicken des Teams packt Marius das Geschenk aus, grinst glücklich und hält einen Jaguar E-Type in der Matchbox-Ausführung in die Höhe. Das Team applaudiert, er bedankt sich höflich, und Ida Ehre flüstert ihm zu: »Irgendwann wirst du so ein Auto fahren.« Marius freut sich über das Geschenk ebenso sehr wie über den Zugang zu der Welt der Erwachsenen, den er durch diese Arbeit bekommen hat.

Das Spielzeugauto erhält in seinem Kinderzimmer einen Ehrenplatz im Regal und wird zu einem Traum für die Zukunft.

Die höhere Schule soll im kommenden Frühjahr 1964 in der ARD ausgestrahlt werden, aber die Gage bekommt Marius schon vorher ausbezahlt. Er erfüllt sich von dem Geld einen langersehnten Traum. Begleitet von den kritisch-ängstlichen Blicken seiner Mutter und dem Wohlwollen seines Vaters, kauft er sich eine Eishockey-Ausrüstung. Obwohl er jeden Winter mit Freunden auf Natureis und auch im Eishockeystadion an der Brehmstraße seine Runden dreht und weiterhin ein Riesenfan der bundesweit beliebten Düsseldorfer DEG ist und bei deren Heimspielen regelmäßig die Vereinsfahne schwenkt, spielt er selbst nicht im Verein. Mit Fußball ist er in dieser Hinsicht genug beschäftigt.

Im Herbst verschlechtert sich der Gesundheitszustand von Hans Müller-Westernhagen. Er kommt wieder einmal nicht aus dem Bett und gibt sich seiner Melancholie, dem Nikotin und dem Alkohol hin. Sein Immunsystem ist geschwächt – ideale Bedingungen für die Rückkehr der Tuberkulose-Krankheit. Anfang Dezember geht es ihm so schlecht, dass seine Frau ihn ins Krankenhaus bringt.

Trotz der Sorge um den Vater soll am 6. Dezember mit einer kleinen Party Marius' fünfzehnter Geburtstag gefeiert werden. Freunde und Freundinnen sind am Nachmittag in die Heesenstraße eingeladen, die Mutter hat Kuchen gebacken und erlaubt sogar, dass die kleine Party im Wohnzimmer steigt. Einer der Gäste – es ist Linda, die Tochter des Engländers Peter Grenville, ein Freund von Hans Müller-Westernhagen, der in Düsseldorf ein Lichtspielhaus betreibt – hat für Marius ein besonderes Geschenk mitgebracht: die Single einer Band aus England mit einem Song, der erst vor wenigen Tagen erschienen ist.

Auf der kleinen quadratischen Hülle schieben sich ein blauer, ein roter und ein grüner Kreis ineinander, und vier freundliche junge Männer in Anzügen lachen dem Betrachter entgegen. Über ihren Pilzköpfen steht in weißen Lettern der Name der neuen Band: *The Beatles*.

Die Geburtstagsgäste schauen gespannt zu, wie das Geburtstagskind die kleine Schallplatte aus ihrer Hülle zieht, das grüne Label mit den schwarzen Buchstaben und dem Titel *I Want To Hold Your Hand* betrachtet, die Scheibe vorsichtig auf den Plattenteller legt und noch vorsichtiger die Nadel aufsetzt.

Dann lauschen alle gemeinsam der neuen Musik, und

während sie alle zusammen zuhören, geschieht etwas Seltsames: Linda strömen die Tränen übers Gesicht, und am Ende des Liedes, das nur 2:24 Minuten lang ist, liegt sie flach auf dem Boden und kann nicht mehr aufhören zu weinen.

Marius' Mutter kommt aus der Küche gerannt und fragt erschrocken, was passiert ist. Ihr Sohn kann es nicht erklären, aber er ist nicht nur von der Musik, sondern auch von ihrer Wirkung auf Linda schwer beeindruckt.

In den folgenden Tagen verschlechtert sich der Gesundheitszustand des Vaters rapide. Marius' Mutter führt viele sorgenvolle Telefonate mit dem Krankenhaus, die der Sohn teilweise mithört. Dennoch geht Marius selbstverständlich davon aus, dass sein Vater bald wieder gesund werden und nach Hause kommen wird, spätestens in vierzehn Tagen, und sie alle zusammen Weihnachten feiern werden.

Bei einem Drehtag Mitte Dezember bekommt Marius plötzlich ein Telegramm ans Set. Er nimmt den Umschlag verwundert entgegen und öffnet ihn. Das Telegramm ist von seinem Vater aus dem Krankenhaus. Es besteht aus einem dünnen Zettel und fünf Worten.

Marius setzt sich, liest reglos die wenigen Worte. Schiebt das Telegramm zurück in den Umschlag,

Kurz darauf, am 18. Dezember, einem Mittwoch, ist Hans Müller-Westernhagen tot. Als die Nachricht eintrifft, reißt Marius seinen Mantel vom Garderobenständer, schlägt die Wohnungstür hinter sich zu und stapft durch die kalte Luft zur S-Bahn-Haltestelle. Wütend springt er in die Bahn, fährt über den an den Rändern vereisten Rhein, steigt irgendwo in der Innenstadt aus, streift mit großen Schritten durch die Straßen, ohne Ziel, ohne Wünsche, außer vielleicht dem, dass er aus dem Albtraum aufwachen möge. Aber er wacht nicht auf, alles bleibt verrückt. Es ist etwas passiert, das doch gar nicht passieren kann. Wenn überhaupt, kommt der Tod doch zu den anderen. Aber es sterben doch nicht die Menschen, die man am meisten liebt!

Wenige Tage später, an Heiligabend, wäre sein Vater fünfundvierzig Jahre alt geworden. Das Weihnachtsfest ohne ihn, der Geburtstag ohne das Geburtstagskind sind traurig, still und ratlos.

Nach den Weihnachtsfeiertagen wird Hans Müller-Westernhagen auf dem Friedhof von Düsseldorf-Heerdt beerdigt. Dann ist alles vorbei.

Nur das Telegramm ist geblieben, der dünne Zettel mit den letzten Worten des Vaters für seinen Sohn:

Demut und Bescheidenheit. Dein Vater

8

AN UNSEREM NÄCHSTEN TREFFEN berichtet Marius auf dem Weg ins Wohnzimmer von den Instrumentenspuren, die seine Musiker und er sich bei der Arbeit für den neuen Song hin- und hergeschickt haben. »Das geht wie bei der Feuerwehr!«, sagt er, und es funktioniere überraschend gut.

Wir bleiben vor seiner Schallplattensammlung stehen, die sich ungefähr auf Schulterhöhe über zwei Regalbretter erstreckt. Die Gesamtlänge der Sammlung ergibt etwa vier Meter. Fünf- bis sechshundert Platten müssten es sein. Ich frage, ob er sie noch manchmal hört. Er schüttelt den Kopf, »Leider habe ich keinen Plattenspieler mehr, aber ich habe vor, mir einen neuen zu kaufen, Lindi möchte die auch gerne mal durchhören.«

»Sind das auch deine Platten von früher?«

»Das sind sogar meine Platten aus meiner Teenagerzeit. Alle mit Originalcover!« Er fährt mit der Hand an den Plattenhüllen entlang, zieht eine heraus und schaut aufs Cover: *Steppenwolf* steht in großen schwarzen Lettern auf der Hülle. »Erinnerst du dich?«, fragt er, »*Born to be wild?* Klar erinnerst du dich daran!«

Beim nächsten Zufallsgriff zieht er ein buntes Cover von Led Zeppelin mit dem schlichten Titel *III* heraus. Die gestanzten Löcher in der Pappe verbergen kleine Zeichnungen, eine Hülle mit doppeltem Boden. »Wie aufwändig das damals gestaltet wurde, mit so viel Liebe zum Detail.« Wahllos zieht er weitere Hüllen heraus. John Lee Hooker zum Beispiel. »Da sind sie ja, die alten Blues-Heroen!«

Als Nächstes hält er eine Schallplatte von Otis Redding in der Hand. »Auch einer von meinen ganz großen Lehrmeistern«, erklärt Marius, »wegen seiner Art zu singen: *raw* und wahrhaftig, echter Soul, *real black music*. Wie auch der frühe Ray Charles, James Brown oder Muddy Waters.«

Die nächste Platte ist von Frank Sinatra: »Was für ein Sänger!«

Es folgt Miles Davis. »Für mich ist er der Meister«, erklärt Marius, der auch eine beachtliche Auswahl an Jazz und Klassik besitzt.

»Sag mal, ist es inzwischen eigentlich möglich, den speziellen Sound einer Schallplatte digital zu erzeugen?«, frage ich.

»Eine Schallplatte klingt für mich nach wie vor wärmer«, sagt Marius. »Aber die digitale Aufnahmetechnik hat sich kolossal entwickelt.« Er nickt über seine Schulter. »Wir benutzen auf den Tourneen einen digitalen Flügel. Durch analoge Samples kommt er dem Klang eines echten Flügels sehr nah. Nur beim Sound einer Gitarre oder der menschlichen Stimme funktioniert es bislang noch nicht, und ich hoffe, das bleibt auch so.«

Er schiebt die Miles-Davis-Platte wieder zurück. »Noch vor ein paar Jahren hatten meine Band und ich die Zeit und haben uns die Mühe gemacht, auf vierundzwanzig oder achtundvierzig Spuren mit analogen Bandgeräten aufzunehmen, um die Bandkompression zu nutzen.« Er grinst:

»Da schießen den Mastering Engineers die Tränen in die Augen, wenn du mit so was ankommst.«

»Hören das nur Audiophile?«

Er schüttelt den Kopf: »Wenn man zwischen digital und analog direkt hin- und herschaltet, hört wirklich jeder den Klangunterschied.«

Auf dem Cover, das ich herausziehe, spaziert ein junges Paar durch New York.

»Wie heißt die Platte?«, fragt Marius.

»*The Freewheelin' Bob Dylan*«, lese ich die rote und grüne Schrift.

»Ah«, sagt er. »Eines der sehr frühen Dylan-Alben!«

Als er jung war, berichtet Marius, hatte er, wie viele andere in Deutschland, nicht das Selbstbewusstsein, eigene Musik zu machen. Hatte viel zu viel Respekt und hat ausschließlich kopiert. »Aber das war auch gut. Ich kann das jungen Musikern nur empfehlen: unterschiedliche Stile ausprobieren, nachsingen, mitsingen, das ist wie zur Schule gehen, Phrasierungen lernen, verschiedene Arten zu singen, die Stimme bilden – mir hat das sehr geholfen.«

Den Einwand, dass es unter Umständen vielleicht schwer sein könnte, dann noch einen eigenen Stil zu entwickeln, lässt er nicht gelten: »Wer Talent hat, wird auch immer von dem Ehrgeiz getrieben sein, einen eigenen Stil zu finden.«

Ich frage ihn, ob er auch aktuelle Musik hört, und er erzählt, dass die Gesangsstimmen bei vielen neuen Songs für ihn leicht verzerrt klingen. »Das liegt daran, dass bei Produktionen der aktuellen Popszene beim Mastering manchmal zu Tode komprimiert wird.«

»Was heißt das?«

»In der Nachbearbeitung wird der Mix vom Mastering Engineer komprimiert, wobei sich der Sound noch in Nuancen verfeinern lässt. Man kann dadurch auch eine größere Lautstärke erzielen, aber man verliert an Dynamik. Je stärker man komprimiert, desto lauter wird die Musik, allerdings auf Kosten der Bandbreite. Ab einer bestimmten Lautstärke fängt die Musik an zu zerren, sie verliert Wohlklang«, erzählt Marius. Das habe schon vor langer Zeit seinen Anfang genommen, in den Achtzigerjahren hätten einige Produzenten begonnen, vor allem bei Aufnahmen für CDs auf Lautstärke zu setzen, damit sie sich im Radio gegenüber der Konkurrenz und der Werbung durchsetzen. Lauter werde eben leider mehr wahrgenommen. Aber die Konkurrenten sind natürlich mitgezogen. »Das hat automatisch dazu geführt, dass die neue Musik insgesamt lauter wurde und die Dynamik gleichzeitig abgenommen hat. In den Kompositionen von heute ist wenig Bewegung zu finden. Sie gehen so los …«, er steigt mit seiner flachen Hand von einem Punkt in kurzer Strecke auf ein Niveau, »… und gehen dann so durch«, er zieht die Hand vor seinem Gesicht horizontal durch die Luft. »Aber wenn du dir einen guten Song oder klassische Musik anhörst, gibt es dort einen Spannungsbogen, eine klangliche Dramaturgie.« Er senkt die Stimme: »Es wird mal leise, dann wird es lauter …«, er hebt die Stimme wieder, »und dann ist es wieder leise … Das verlangt vom Hörer Konzentration, man muss sich auf die Musik einlassen. Für die Masse ist das anstrengend. Ich schwöre, es gehen viele großartige Platten unter, nur weil sie für heutige Hörgewohnheiten zu fordernd sind. Musik ist Soulfood. Wer ständig Junkfood isst, wird krank.

Ohne einen künstlerischen Ansatz verliert die populäre Musik jede kulturelle Relevanz. Die Musik verkommt zur reinen Dienstleistung.«

Auf dem nächsten Album guckt uns der junge Udo Lindenberg an – ohne Sonnenbrille, ohne Hut. *Daumen im Wind*, aus dem Jahr 1972. Udo Lindenberg ist da erst Mitte zwanzig. Marius kannte ihn damals schon. »Das ist für mich vielleicht die schönste Platte, die Udo je gemacht hat«, sagt er. »Da singt er mit so einem ganz kleinen Stimmchen.« Er stimmt eine Textzeile an, die er auswendig kennt, imitiert liebevoll Lindenbergs Stimme von damals.

Ich frage ihn, wo er in den Sechzigerjahren seine Schallplatten gekauft hat. Er stellt erst mal fest, dass Schallplatten für ihn und seine Freunde so etwas wie Diamanten waren. Er wiederholt das Wort: Diamanten. Wie eine Verbindung zu einer anderen Dimension, zu den Künstlern, die sie verehrten, nicht nur ihre Musik, sondern auch, wie sie lebten. Sie standen für eine Alternative zur Welt und den verknöcherten Vorstellungen der Elterngeneration. Sie standen für Befreiung. Und teuer waren Platten natürlich außerdem.

»Und was für ein Aufwand es ist, eine Platte zu hören, das kommt einem heute total umständlich vor«, sagt er. »Fängt ja schon damit an, dass du die Platte vorsichtig anfassen musst, wenn du sie aus der Hülle nimmst und auflegst, damit sie nicht zerkratzt. Dann läuft sie zwanzig Minuten, und du musst schon wieder aufstehen, zum Plattenspieler gehen und sie umdrehen. Man muss sich bewegen, um die B-Seite zu hören, und das erzeugt auch mehr Respekt vor der Musik, als wenn man nur auf den Knopf der Fernbedienung oder das Handy-Display drückt.«

In den großen Platten- und Elektroläden, erinnert sich Marius, gab es sogenannte Hörkabinen, wo sich Kunden ganz in Ruhe Platten anhören konnten. »Ich bin mit einem großen Stapel rein, habe alle durchgehört und bin mit einem etwas kleineren Stapel wieder raus.« Die eine oder andere Platte sei in einer extra mitgebrachten Tüte an der Kasse vorbei mit nach Hause gewandert. »Meine Freunde und ich haben aber nur in großen Läden geklaut. Bei den Kleinen machte man das nicht. Wir hatten halt kein Geld.«

Er erinnert sich an ein winziges Geschäft in der Altstadt von Düsseldorf mit einer jungen, sehr hübschen Besitzerin, die, wenn es um Musik ging, sehr kompetent war. Bei ihr hat er stundenlang herumgehangen, sie haben zusammen Musik gehört und darüber geredet. Plattenläden waren Orte, wo Menschen sich begegneten und miteinander redeten, wie auch in Buchläden. »Solche Orte sterben heute oder sind schon tot. Eine von vielen Folgen der Online-Plattformen.«

»Glaubst du, dass die Wertschätzung von populärer Musik früher größer war als heute?«

»Das ist eindeutig so. Vor der Zeit von Radio oder Plattenspieler hat man Musik ja ausschließlich live bekommen können. Wenn man da einmal die Chance hatte, Musik zu hören, war es ein einzigartiges Erlebnis. Mit der Erfindung der Schallplatte konnte man Musik zwar hören, wann immer man wollte, aber es war eben noch mit einem gewissen Aufwand verbunden. Durch die Digitalisierung und das Internet hat sich die Wahrnehmung von Musik vollkommen verändert. Jetzt kannst du Musik überall und immer aus dem Netz ziehen, hörst jeden Song mit einem Click und wirst ihn genauso schnell wieder los. Und dadurch ist Musik zu etwas geworden, das man nicht gezielt, sondern nebenbei hört: beim Sport, Spazierengehen, Autofahren, Aufräumen, Arbeiten, Reden, bei allem.« Marius zuckt die Schultern. »Ich hatte ja mal gedacht, dass Platten, ähnlich wie Bücher, Menschen auch sozialisieren können. Ein Medium, über das man fürs Leben lernen kann. Bei mir war das zum Beispiel bei Bob Dylan der Fall.«

Er zieht die nächsten beiden Platten hervor: »Guck hier: Nina Hagen Band und Fleetwood Mac. Und die Rolling Stones, *Exile on Main St.* Das ist ein Meisterwerk.«

Er schiebt die Hüllen wieder zurück und sagt: »Die Kids kennen Musik nur noch in Verbindung mit Videos auf ihren Smartphones. Aus Musik *hören* ist Musik *konsumieren* geworden. Und Konsum ist niemals wertvoll. Du musst dich konzentrieren können. Dir die Zeit nehmen, hinzuhören, zu fühlen, Texte wirken zu lassen. Und das fehlt im Moment noch.«

»Noch?«

»Ja, ich glaube, es zeigt sich doch immer deutlicher, dass der Konsum um des Konsumierens willen wertlos ist. Es ist ein Lernprozess zu begreifen, dass höchste Qualität erstrebenswert ist. Und dass es sich lohnt, etwas dafür zu tun.«

Der Telefonjingle meldet sich, die Klaviermusik. Marius geht zum Sofa.

»Entschuldige bitte«, sagt er, »da muss ich ran. Es ist Ray.«

Die beiden sprechen über die Kombination von Hip-Hop und Blues, und über die Drumspur des neuen Songs.

9

DÜSSELDORF, IM JAHR 1964. Während seine Freunde und ehemaligen Mitschüler die Vormittage in der Schule zubringen und am Nachmittag Hausaufgaben machen und büffeln müssen, hat Marius immer frei, den lieben langen Tag, und kann tun und lassen, was er will – denken sie. Die Wirklichkeit sieht etwas anders aus.

Unter Regisseuren hat sich herumgesprochen, dass der Sohn des verstorbenen Hans Müller-Westernhagen die schauspielerische Begabung seines Vaters geerbt hat. Es kommen Angebote für Rollen in Fernsehfilmen, und Marius nimmt sie fast alle an – des Geldes wegen, aber auch, weil ihn die Schauspielerei ausfüllt. Er bekommt auch Anfragen für Sprechrollen in Hörspielen fürs Radio, die sich beim deutschen Publikum weiterhin großer Beliebtheit erfreuen. Marius, der seinen Vater oft ins Aufnahmestudio begleitete und schon früh Sprechrollen übernahm, bringt für sein Alter viel Erfahrung mit.

Seine Mutter unterstützt ihn, ihre Loyalität ist grenzenlos – allerdings nur unter der Bedingung, dass er dafür ein paar Dinge widerspruchslos so machen muss, wie sie es für richtig hält. Für Liselotte Müller-Westernhagen ist eine gute Ausbildung das A und O und der Abschluss das solide Fundament für ein erfolgreiches Leben. Und nachdem ihr

Junge (er wird bis zum Ende ihres Lebens selbstverständlich immer »ihr Junge« bleiben) die herkömmliche Schullaufbahn mit der Erlaubnis seines seligen Vaters einfach an den Nagel gehängt hat, soll er jetzt unbedingt eine anderweitige anerkannte Ausbildung absolvieren. Von diesem Anspruch wird sie niemals abweichen. Daher meldet sie ihren Sohn bei der privaten Handelsschule »Dr. Rüsseler« in der Düsseldorfer Ackerstraße an. Widerrede nicht erlaubt.

Unausgesprochen ist die Ausbildung auch eine Bedingung dafür, dass Marius sich von seinem verdienten Geld einen großen Wunsch erfüllen darf. Hintergrund für diesen Wunsch ist ein Erlebnis auf dem Schulfest in Düsseldorf-Oberkassel. Marius ist mit ein paar Freunden aus seinem Fußballverein dort gewesen. Eine Schülerband, vier Jungs, ungefähr in seinem Alter, spielten dort: einer an der Gitarre, einer am Bass, der dritte am Schlagzeug und vorne der Sänger, der sich auch eine Gitarre umgehängt, sie aber nur manchmal bearbeitet hat. Die Band nennt sich The Rabbeats und spielt Songs, die Marius teilweise aus dem Radio kannte.

Während des Konzerts steht er mit einem Bier nahe der Bühne und spürt die Funken, die von den Bandmitgliedern und der Musik aufs Publikum überspringen, das aus Jungs und Mädchen auch der ernst zu nehmenden älteren Jahrgänge besteht. Er sieht das Strahlen in den Augen der Mädchen, die zu den Jungs an ihren Instrumenten aufschauen, spürt selbst das Glücksgefühl, das den ganzen Saal überschwemmt, und denkt: Verdammt, das will ich auch!

Es soll ausgerechnet eine E-Gitarre sein. Das Instrument

steht bei seiner Mutter nicht gerade hoch im Kurs. Aber weil der Tod des Vaters noch nicht lange zurückliegt und der Sohn für die Erfüllung seines Herzenswunschs eine enorme Ausdauer und Überzeugungskraft an den Tag legt, und er ja jetzt auch die Handelsschule besucht, lässt seine Mutter sich erweichen und geht eines Tages mit ihm zum Musikhaus Kunz an der Karlstraße.

Er lässt sich vom Verkäufer eingehend beraten, bevor er sich für eine Dynacord entscheidet, eine in Italien von der Firma Welson hergestellte E-Gitarre, die der Tontechnik-Hersteller Dynacord aus Straubing vertreibt. Die vordere Seite des Korpus ist am äußeren Rand schwarz lackiert und besticht zur Mitte hin mit einem Farbverlauf über Rot in ein tiefes Orange. Der Gitarrenhals besteht aus hellem Holz, die geschwungene Seite sowie die gesamte Rückseite sind aus dunklem Holz gefertigt.

Mit diesem Instrument beginnt für Marius ein neues Zeitalter. Er übt, sooft er kann, bringt sich mit einer Grifftabelle das Gitarrenspiel selbst bei und spielt sich die Fingerkuppen wund. Er will irgendwann ein ernst zu nehmender Gitarrist und vollwertiges Mitglied einer Band sein. Für die weiteren Schritte hat er auch schon einen genauen Plan.

Wann immer die vier Jungs von den Rabbeats auftreten, ist Marius von nun an im Publikum dabei, verpasst kein Konzert, und wenn die Jungs anschließend noch da sind, knüpft er Kontakt. Bald schon darf er auch bei ihren Proben vorbeischauen. Dann hängt er dort herum, hilft mit diesem und mit jenem Handgriff aus und sagt auch seine Meinung, wenn er mal danach gefragt wird – was zwar selten ist, aber vorkommt. Von nun an findet praktisch kein

Auftritt der Rabbeats mehr ohne ihn statt. Der erste Schritt seines Plans.

Er übt weiter jeden Tag auf seiner Gitarre, aber er hat auch anderes zu tun und lernt nicht minder diszipliniert die Texte für seine Rollen in zwei Filmen, die im Frühjahr gedreht werden: die WDR-Produktionen *Das große Ohr* des Regisseurs Ludwig Cremer und *Sechs Personen suchen einen Autor* von Eberhard Itzenplitz, nach dem Theaterstück von Luigi Pirandello.

Währenddessen schwelt der atomare Wettstreit zwischen Ost und West, die Abrüstungskonferenz in Genf findet statt – doch das ist so abstrakt und fern wie die Bedeutung eines jederzeit möglichen Nuklearkriegs, mit dem alles Leben auf dem Planeten ausgelöscht werden könnte. Konkret wird der Ost-West-Konflikt immer dann, wenn wieder ein DDR-Flüchtling an der innerdeutschen Grenze erschossen wird und Zeitungen, Radio und Fernsehen breit berichten – neben der ARD seit dem 1. April 1963 auch das neue Zweite Deutsche Fernsehen, das ZDF. In den USA unterzeichnet der neue Präsident Lyndon B. Johnson das Bürgerrechtsgesetz zur Aufhebung der Rassentrennung, das noch von John F. Kennedy eingebracht worden war. Der Friedensnobelpreis geht an Martin Luther King, und in der Bundesrepublik trifft der millionste ausländische Gastarbeiter aus Portugal ein.

Die Ausstellung *Monumenta Judaica* im benachbarten Köln, die sich mit zweitausend Jahren jüdischer Kultur am Rhein befasst, spielt im Bewusstsein der Jugendlichen keine Rolle. Nachdem Marius in *Die höhere Schule* den jüdischen Jungen Moische gespielt hat, hat er zwar einen Sinn für das

Thema entwickelt, aber über die Judenvernichtung, die erst zwanzig Jahre her ist, wird in seinem Umfeld wie überhaupt in der bundesrepublikanischen Gesellschaft noch kaum gesprochen. Das wird sich erst in den folgenden Jahren langsam ändern. Der Auschwitz-Prozess in Frankfurt, durch den die unvorstellbar grausamen Geschehnisse in den Vernichtungslagern erstmals breiter in der deutschen Öffentlichkeit thematisiert werden, hat gerade erst begonnen und wird eine wesentliche Rolle spielen, das bisherige breite Schweigen zu durchlöchern. Marius wird sich in seinem späteren Leben oft mit der Frage beschäftigen, wie es zu dieser Katastrophe kommen konnte.

In diesem Frühjahr 1964 beschäftigen ihn und seine Kumpels von den Rabbeats aber andere Dinge, zum Beispiel der Erfolg der englischen Band The Beatles. Sie haben sich in den letzten zwölf Monaten zum Exportschlager Großbritanniens entwickelt, ihr Umsatz wird mit dem großer Industrieunternehmen verglichen. In den USA belegen die Beatles Anfang April die ersten fünf Plätze der Billboard Charts – das hat es zuvor noch nie gegeben und wird auch danach keinem Künstler je wieder glücken. Am 1. März schafft es *I Want To Hold Your Hand* – jene Single, die Marius als Geschenk zum Geburtstag bekam – drei Monate nach ihrer Veröffentlichung auf Platz eins der Deutschen Hitparade (und bleibt die nächsten Wochen dort oben stehen). In der kommenden Zeit verfolgt er neben den Beatles auch einige andere englischsprachige Bands aufmerksam, aber noch stecken seine Musik und sein Musikgeschmack in den Kinderschuhen, denen er selbst gerade erst entwachsen ist.

10

AUF DEM FLÜGEL stehen neuerdings zwei silberne Rahmen mit Portraits. Ein junger Mann, vielleicht Anfang zwanzig, auf dem anderen eine etwa gleichaltrige Frau. Marius' Eltern Hans und Liselotte, die sich zum Zeitpunkt der Aufnahmen noch nicht kannten und keine Ahnung hatten, was die Zukunft ihnen bringen würde.

»Die Bilder hat Lindi gestern hingestellt«, erzählt Marius. »Ihr ist Familie eminent wichtig. Sie hat auch viel Kontakt mit all ihren Verwandten.«

»Und wie ist es bei dir?«, frage ich ihn.

»Ich muss zugeben, ich war nie ein großer Familienmensch. Für mich gibt es solche und solche Menschen, die einen geben dir Energie, und die anderen nehmen sie von dir. Und mit manchen ist man dann eben zufällig verwandt.«

Wir wechseln zu den Sofas, und er greift den Faden wieder auf: »Das ist in der Musik nicht anders. Wenn man live miteinander musiziert, ist das auch ein Energieaustausch, und manchmal entsteht dabei eine große Vertrautheit und Intimität. ›Like an angel passing through the room‹, haben wir früher dazu gesagt. Diese Momente sind ab und zu einfach da, wenn man zusammen Musik macht, und das gilt sowohl für Rockkonzerte wie auch in der Oper, unter

Schauspielern auf der Bühne und sogar vor der Kamera. Wenn jeder Beteiligte es schafft, sein Ego zu vergessen und nur für die Sache zu spielen, dann kann es klappen. Das sind magische Momente. Manchmal hat das schon fast eine spirituelle Dimension.«

»Kann man das auch gezielt ansteuern?«

»Nein.« Marius schüttelt entschieden den Kopf »Wenn du zielst, willst du ja etwas Bestimmtes, du kalkulierst. Aber man kann die Voraussetzungen dafür schaffen, indem man seinen Geist öffnet, sich als Medium begreift. Dann entstehen Momente, die sich dann auch nicht wiederholen lassen. Vielleicht wäre eine Wiederholung technisch perfekt, aber die Seele würde verloren gehen.«

Er überlegt einen Moment, dann sagt er: »Perfektion ist ein gefährlicher Fallstrick. Virtuose Musiker leben von ihrer hohen Professionalität, sie wissen aber auch genau, was sie können, und müssen niemandem mehr etwas beweisen. Das ist wie in der Liebe. Man gibt sich hin und erreicht erst dadurch eine Zone, in der etwas Spirituelles passieren kann und man getragen wird. Man muss dem Unvorhergesehenen Raum geben. Auch Fehler können genial sein.«

»Fällt dir eine bestimmte Aufnahme ein, bei der es diesen magischen Moment gab?«

Er denkt eine Weile nach. »Woran ich mich erinnere, sind die Aufnahmen zu dem Song *Wieder hier*.«

Er erzählt, wie er im Frühsommer 1998 mit seinen Musikern im Londoner Olympic Studio sein Album *Radio Maria* aufgenommen hat. An jenem Tag, als die Band *Wieder hier* spielte, hatte er schon beim Gitarrenintro das Gefühl, dass der Song besonders sein könnte. »Alles stimmte: Das

Tempo, die Tonlage, es fühlte sich einfach an wie aus Fleisch und Blut.«

Das Stück erschien im Herbst 1998 als zweite Single des Albums *Radio Maria*, das für Marius Müller-Westernhagen zum fünften Nummer-eins-Album in Folge werden sollte. Der Song *Wieder hier* gehört bis heute zu den Westernhagen-Klassikern.

> Ich bin wieder hier
> In meinem Revier
> War nie wirklich weg
> Hab mich nur versteckt
> Ich rieche den Dreck
> Ich atme tief ein
> Und dann bin ich mir sicher
> Wieder zu Hause zu sein

»Fällt es dir schwer, bei der Arbeit loszulassen?«, frage ich.

»Das war ein Lernprozess«, antwortet er. »Für mich liegt die Befriedigung in meiner Arbeit darin, mich in ihr wiederzuerkennen. Du musst loslassen, damit du die Distanz bekommst, deine jeweilige Arbeit als Ganzes zu sehen.« Marius' Gesicht spiegelt jetzt eine Mischung aus Melancholie und Konzentration. »Als Künstler«, sagt er, »erlebst du oft, wie dein Werk sich dir und deiner Kontrolle entzieht. Ich bin mir sicher, dass es Malern auch manchmal so geht: Sie stehen vor ihrem Bild und haben plötzlich das Gefühl, dass sie es nicht gemalt hätten. Das Gefühl kenne ich gut. Ich höre Musik oder auch einen Text von mir und denke:

Moment mal. Das ist nicht von mir. Das kann nicht sein. Das kann nicht ich gewesen sein.« Er lehnt sich lachend zurück, verschränkt die Hände hinterm Kopf und sagt: »Und wahrscheinlich ist es auch so.«

»Der Künstler ist eine Art Medium?«

»Ich werde oft gefragt, wie ich einen bestimmten Song geschrieben habe. Aber meistens weiß ich es einfach nicht. Ich kann es nur so weit erklären, dass ich eher das Gefühl habe, dass die Songs mich gefunden haben und nicht ich sie.«

Er sitzt jetzt wieder leicht nach vorn gebeugt, die Hände gefaltet. »Diese Momente kommen, aber man kann sich ihrer nie sicher sein. Das ist in größeren zeitlichen Dimensionen auch so, der kreative Zeitraum einer Künstlerkarriere beträgt meistens so um die zehn Jahre. Das ist die Norm. Jeder hat seine Zeit. Alles im Leben ist vergänglich, und alles ist immer beides zusammen: Anfang und Ende.« Er überlegt einen Moment und stellt dann fest, dass nur wenige Künstler den Mut hätten, sich immer wieder neu zu erfinden und sich auf weitere künstlerische Entwicklung, und damit auch auf Risiken einzulassen.

Durch die wandhohen Scheiben ist zu sehen, dass der Himmel über Berlin dunkelblau geworden ist, der Abend kündigt sich an.

»Sag mal, wie fühlt es sich an, dass jemand irgendwo gerade deine Musik hört, und du kriegst es gar nicht mit?«, frage ich.

Er nickt: »Fand ich früher immer schon erstaunlich, dass jemand sich die Mühe macht, zum Laden zu gehen, meine Platte zu kaufen, sie allein bei sich zu Hause anzuhören, und dass dann meine Musik etwas bei ihm oder ihr auslöst. Das finde ich auch heute noch erstaunlich.«

»Spielt dabei vielleicht eine Rolle, dass ein Song von dir, sobald er veröffentlicht ist, nicht mehr dir gehört, sondern denjenigen, die ihn gerade hören?«

»Ja! Aber das ist bei Büchern doch genauso. Der Leser und sein Buch. Und was macht nun der Mensch, der dein Buch liest, mit deinen Gedanken? Was passiert in seinem Kopf? Das ist doch interessant. Ich erkläre meine Songs nie, dann hätten sie ihren Sinn verfehlt. Das Kino muss in den Köpfen derjenigen passieren, die die Musik hören. Jeder interpretiert das anders. Und das finde ich viel wichtiger als meine eigene Interpretation.« Marius klatscht einmal in die Hände: »Je früher man das begreift, umso besser.«

Dann sitzt er wieder reglos da, als würde er auf irgendetwas lauschen, und es ist schwer zu erkennen, ob seine Gedanken schon weitergewandert sind oder noch beim Thema hängen. Sein Gesicht verrät nichts als Ernst, wie aus Stein ist es, und doch spürt man: Da sitzt in seiner eigenen Stille ein zufriedener und hoch aufmerksamer Mensch.

11

DÜSSELDORF, FRÜHSOMMER 1964. An jedem Morgen steigt der Fünfzehnjährige an der S-Bahn-Haltestelle Heerdt in die Bahn, die über den Rhein bis zum Hauptbahnhof fährt. Von dort geht er zehn Minuten zu Fuß zur Ackerstraße 90.

Er sitzt selbstverständlich jeden Morgen so pünktlich auf seinem Platz in der Handelsschule, wie er auch sonst immer pünktlich ist. Das meiste interessiert ihn nicht besonders – abgesehen vom Schreibmaschinenkurs, mit zehn Fingern blind die klappernden Tasten drücken. Und dafür gibt es einen Grund, einen schillernden.

Am zweiten Tag – die Schülerinnen und Schüler sitzen bereits auf ihren angestammten Plätzen, Marius allein am Zweiertisch in der vierten Reihe – geht die Tür vom Klassenraum noch einmal auf, und eine letzte Schülerin kommt herein – nicht irgendeine, sondern eine aus der weiten Welt: eine hübsche Französin. Ihr Name ist Yvonne, wie sie dem Lehrer mit französischem Akzent entgegenhaucht.

Marius kann sein Glück nicht fassen, als Yvonne, von den Blicken der Klassenkameraden begleitet, ihren Weg an seinen Tisch findet (es ist der einzige freie Platz), sich neben ihm niederlässt und mit einer leichten Duftwolke zum ersten Mal seine Sinne benebelt. Nein, er befindet sich nicht bei Dreharbeiten zu einem Film, nicht in einem Theaterstück und auch nicht in einem Traum. Die Handelsschule ist real, der Schreibmaschinenkurs ist real, die Lehrerin ist real, die Mitschüler sind real, und Yvonne ist es auch – und sie sitzt tatsächlich neben ihm.

Das gibt der Ausbildung eine völlig neue, unerwartete Dimension. Ab jetzt freut Marius sich auf jeden neuen Tag, der ihn an der Handelsschule Dr. Rüsseler erwartet, und seine Mutter freut sich mit, auch wenn ihr nicht klar ist, wo der unerwartete Eifer ihres Sohnes herrührt.

An den Wochenenden spielt er weiterhin Fußball. Er hatte bei Fortuna Düsseldorf begonnen, ist nach dem Umzug nach Düsseldorf-Heerdt aber der Jugendmannschaft des Heerdter Vereins CfR Links beigetreten. Auch hier war er wieder der Kleinste, hatte aber die größte Klappe und die lauteste Stimme, er wusste sich durchzusetzen.

Fitness und Kondition trainieren machen ihm keinen besonderen Spaß. Was er liebt, ist das Spiel selbst, das Dribbeln und Ausdribbeln des Gegners mit dem Ball am Fuß und zu lernen, das Spiel zu lesen. Aber die Disziplin, auch die weniger spaßigen Dinge zu tun, bringt er trotzdem auf. Er kennt es zur Genüge von der Schauspielerei. Vor allem die Pünktlichkeit, weil sonst wegen einer einzigen unpünktlichen Person viele Leute ihrerseits Probleme bekommen.

Das jahrelange Fußballspielen hat wiederum nicht nur einen guten Teamspieler aus ihm gemacht, sondern ihn auch gelehrt, die Gruppendynamik richtig zu analysieren, die Verantwortung des Einzelnen für die Gruppe sowie die Bedeutung jeder einzelnen Position zu sehen, sodass letztlich das Zusammenspiel gelingen kann.

Als er die Rolle des Kostja übernimmt, eine Rolle im

Fernsehfilm *Das Duell* nach Anton Čechov, unter der Regie von Hans Schweikart, beobachtet Marius auch hier die Dynamiken, die vom Einzelnen auf die Gruppe ausgehen und von ihr wieder zurückstrahlen. Aktion und Reaktion.

Auf der Handelsschule lernt Marius weiter mit klopfendem Herzen an der Seite von Yvonne, achtzehn Jahre alt, wie er inzwischen herausgefunden hat, Tochter einer Käse-Export-Import-Unternehmerin, und befasst sich, bis über beide Ohren verliebt, mit Stenografie und Buchführung. Yvonne sieht in ihrem drei Jahre jüngeren und auch deutlich kleineren Klassenkameraden (er reicht ihr gerade bis zu den Schultern) wohl auch eher den kleinen Bruder, den sie mit französischem Akzent ihr »'erzschen« nennt.

Etwas an ihm gefällt ihr. Sie hat ihn gerne um sich, nicht nur im Klassenraum, immer öfter auch in den Pausen bei Tchibo um die Ecke, wo sie am Stehtisch ihren Kaffee für zwanzig Pfennig trinken, oder wenn sie beim Spaziergang am Rheinufer ihr Pausenbrot auspacken. Marius kommt sich vor wie Yvonnes Schoßhündchen, das ständig hinter ihr herläuft oder vor ihr herumspringt, und er kann mit dieser Rolle gut leben.

Wahrscheinlich gefällt Yvonne auch der Umstand, dass ihr Herzchen und Schoßhündchen am Abend des 12. März 1964 im Hauptprogramm des deutschen Fernsehens auftaucht. Um 20.15 Uhr, zur besten Sendezeit, läuft in der ARD der Film *Die höhere Schule* mit ihrem Banknachbarn, dem fünfzehnjährigen Handelsschüler Marius Müller-Westernhagen in der Hauptrolle.

Wieder finden sich an diesem Abend in der Heesenstraße Freunde und Verwandte ein, wieder gibt es viel Lob und

Anerkennung, und wieder ist Marius mehr als nur ein bisschen stolz.

Aber dann ist damit auch Schluss. Nachdem die Gäste gegangen sind, sorgt Liselotte Müller-Westernhagen dafür, dass ihr Sohn ab in die Falle geht, vorher nicht nur Katzenwäsche macht und sich vor allem ordentlich die Zähne putzt. Sie weiß, wie gefährlich Ruhm sein kann, die Wirkung ist vergleichbar mit der Wirkung einer Droge. Sie hat es viele Jahre lang bei ihrem Ehemann und seinem Umfeld mitbekommen – den Rausch und die Verlorenheit danach.

Auch außerhalb der heimischen Etagenwohnung schlägt dem Jungschauspieler in den Tagen nach Ausstrahlung des Films eine Welle der Bewunderung entgegen. Nachbarn in Heerdt sprechen ihn an und Verkäuferinnen und Verkäufer hinter den Ladentheken, und auch in der Handelsschule hat sich natürlich herumgesprochen, dass der Kleinste in Reihe vier neben der hübschen Französin so etwas wie ein Filmstar ist.

Aber der Ruhm verblasst nach wenigen Tagen, die Schüler vergessen die Sensation oder gewöhnen sich an sie. Noch schneller geht es beim Fußballverein, wo der TV-Auftritt Anerkennung findet, nach dem Anpfiff aber nur noch die Leistung auf dem Platz zählt.

Ende April läuft in der ARD der Krimi *Die Truhe,* der letzte Film, an dem Hans Müller-Westernhagen mitgewirkt hat, und der einzige, in dem Marius neben seinem Vater zu sehen ist. Eigenartig ist es für ihn schon, sich und seinen Vater, den er jeden Tag schmerzlich vermisst, auf dem Bildschirm vereint zu sehen. Zwar treten sie in keiner Szene gemeinsam auf, aber auf dem Bildschirm befinden sie sich an diesem Abend in derselben Welt, in der sein Vater wieder leibt und lebt – während er aus der Wirklichkeit seit fünf Monaten einfach verschwunden ist und nicht wiederkommt.

12

ZU BEGINN DER GROSSEN FERIEN 1964 schleppt Marius Koffer und Reisetaschen aus der Wohnung im zweiten Stock in der Heesenstraße hinunter auf den Gehweg, wo am Bordstein der Borgward Isabella TS parkt. Seine Mutter hat einen Tapetenwechsel verordnet. Die Müller-Westernhagens fahren zu dritt über die Autobahn an die holländische Nordsee. Es sind die letzten regulären Schulsommerferien seiner Schwester Christiane und die ersten großen Ferien von Marius an der Handelsschule, und auch beim Film herrscht jetzt Produktionspause. Der verbliebene Rest der Familie soll nach dem Tod des Vaters mal rauskommen und sich auf der Insel Ameland frischen Wind um die Nase wehen lassen.

Marius hätte nichts dagegen gehabt, in den Ferien zu Hause zu bleiben, Fußball zu spielen und mit seinen neuen Freunden von den Rabbeats Musik zu hören. Seinen Protest gegen die Urlaubsreise hatte er jedoch eingestellt, als ihm beim letzten Dreh jemand aus der Filmcrew von einem Schallplattenladen in Amsterdam erzählte, der die neusten Scheiben aus England verkauft. Ein Zwischenstopp in der Stadt – auf die Idee ließ sich seine Mutter gerne ein. Und den machten sie dann auch, allerdings erst auf dem Rückweg von der Nordsee.

Nach dem Besuch der Amsterdamer Sehenswürdigkeiten Oude Kerk, Bloemenmarkt und Herengracht kann Marius die Schritte von Mutter und Schwester unauffällig weg von den Grachten in die Straße lenken, in der der Schallplattenladen sein soll. Er entdeckt ihn auf Anhieb, darf ihn aber nur unter der Bedingung betreten, dass er nach spätestens einer halben Stunde wieder rauskommt. Er verspricht alles und verschwindet im Laden.

Das Erlebnis mit der Beatles-Single zum Geburtstag liegt ein halbes Jahr zurück, inzwischen interessieren ihn auch andere Bands. Der Ladenbesitzer hat eine Empfehlung: eine neue Gruppe aus England, die gerade mit ihrer ersten Langspielplatte Furore macht und in England an der Spitze der Hitparade steht. Er reicht Marius die Scheibe über die Ladentheke. Das Cover ist ungewöhnlich: kein Titel, keine Schrift, nur ein Foto der Band, fünf Jungs in dunklen Anzügen vor einer dunklen Wand, die Gesichter hell beleuchtet. Sie schauen unverschämt selbstbewusst und gleichzeitig entspannt. »Hör mal rein«, schlägt der Ladenbesitzer vor.

In der Kabine zieht Marius die Platte aus der Hülle, liest die Namen der Songs, die in goldener Schrift auf dem dunkelroten Label stehen. Darüber steht der Name der neuen Band: The Rolling Stones.

Schon vom ersten Song ist er derart elektrisiert, dass er den Tonarm nicht von der Platte nehmen kann. Wie hypnotisiert schaut er am Ende des erstens Stücks, wie die Nadel weiter in der Rille fährt und der nächste Song beginnt. Er lässt sich davon wegtragen.

Irgendwann erscheint vor der Tür zur Hörkabine der Ladenbesitzer und gestikuliert. Marius' Mutter steht mit vorwurfsvoller Miene im Laden und zeigt auf ihre Uhr. Er dreht notgedrungen den Ton herunter. Es ist wie eine Vollbremsung.

Er bekommt die Erlaubnis, die Platte noch zu Ende zu hören, und verlässt mit einiger Verspätung und den Rolling Stones unterm Arm den Laden.

Auf der Fahrt über die Autobahn zurück nach Düsseldorf bittet er kein einziges Mal um eine Pause. Er kann es kaum erwarten, nach Hause zu kommen und die Rolling Stones wieder zu hören.

IM AUFZUG

Einmal sind Lindi und ich im Aufzug stecken geblieben. In dem kleinen Aufzug in unserem Haus in Kapstadt. Es war früh am Abend, wir wollten essen gehen, eigentlich waren wir schon am Auto. Ich bin nur noch mal zurück, weil ich meine Jacke holen wollte, und aus reiner Bequemlichkeit denke ich: Nimm mal den Aufzug. Lindi kam mit, weil sie auch etwas vergessen hatte. Und dann blieb das Ding plötzlich stehen.

Kein Telefon?

Doch, aber kein Netz. Lindi hat um Hilfe gerufen, immer wieder. Ich sage: Lindi, vergiss es. Du weißt doch, unser Nachbar ist halb taub, das bringt nix. Nach einer Stunde hat sie es dann aufgegeben.

Ihr wart eine Stunde da drin?

Das war ja erst der Anfang. Ich sage noch blöderweise zu Lindi: Das wird hier drinnen wahrscheinlich richtig heiß werden, es kommt ja nicht so viel Sauerstoff rein. Sie schaut mich entsetzt an, meint schon im nächsten Moment, keine Luft mehr zu kriegen, und fängt an zu keuchen. Ich versuche sie zu beruhigen und sage: Du brauchst dir keine Sorgen machen, durch die Ritzen scheint Licht, also kommt auch Luft rein. Da ging es ihr gleich etwas besser. Dann ist mir eingefallen, dass es auch ein Kabelbrand sein könnte, aber da hab ich mich zusammengerissen und die Schnauze gehalten.

Und Lindi?

Lindi meinte: Wieso bist du nicht wie James Bond? Der hätte wahrscheinlich in seiner Uhr einen Schweißbrenner oder so was. Tja. Wir haben noch versucht, die Decke aufzudrücken, um rauszuklettern. Aber das war alles fest zugeschweißt, nichts zu machen.

Gab es irgendeine Chance, dass euch jemand findet?

Erst am nächsten Tag. Da sollte die Putzfrau kommen. Sie kommt immer um neun, darauf kannst du dich aber nicht hundertprozentig verlassen. Manchmal kommt sie auch nicht. Sie war jedenfalls unsere letzte Hoffnung. Aber erst mal hatten wir da ja noch die ganze Nacht vor uns. Und heiß war es auch. Wir haben immer mehr ausgezogen und die Klamotten in der Ecke gestapelt. Ich sage zu Lindi: Wenn wir das zusammen durchstehen, dann überlebt auch unsere Beziehung.

Musstet ihr tatsächlich die Nacht im Aufzug verbringen?

Ja, dreizehn Stunden. Wir haben auf dem Boden geschlafen, was blieb uns denn anderes übrig. War natürlich ziemlich eng und unbequem. Am nächsten Morgen kam tatsächlich die Putzfrau, sogar pünktlich. Wir haben sie gerufen, da hat sie erst einmal einen Riesenschreck bekommen und wusste gar nicht, was los ist. Dann hat sie irgendeinen Knopf gedrückt, der Fahrstuhl ging los, und wir waren frei. Ein paar Tage später kam einer von der Aufzugsfirma. Ich sage: Ihr baut ja Todesfallen! Es muss doch irgendwo eine Möglichkeit geben, hier herauszukommen. Ja, sagt er, aber nur von außen, mit einem Schlüssel. Ich habe dann ein Telefon in den Aufzug einbauen lassen. Und unsere Beziehung hält ja bisher.

13

AM 18. MÄRZ 1965 öffnet Alexej Leonow die Tür der Raumkapsel. Draußen ist das All. Er kriecht im Raumanzug durch die Öffnung, atmet durch sein Sauerstoffgerät und lässt sich, mit einer Leine gesichert, schweben. Damit ist der einunddreißigjährige Alexej aus dem Dorf Listwjanka in Westsibirien der erste Mensch im All. Das kann ihm niemand mehr nehmen.

Für die Russen handelt es sich um einen prestigeträchtigen Etappensieg im Wettstreit gegen die Amerikaner um die Eroberung des Weltraums. Der erste sogenannte Spaziergang im All geht aufs Konto der Sowjetunion.

Als Alexej wieder zurück in die Raumkapsel schlüpfen will, stellt er mit Schrecken fest, dass er wegen des entstandenen Überdrucks in seinem aufgeblähten Raumanzug nicht mehr durch die Öffnung passt. Die kurz bemessene Zeit läuft schon ab, lange wird der Sauerstoff nicht mehr reichen.

In der Station unten auf der Erde können sie ihm nicht helfen. Die Konstrukteure haben wegen des Befehls, unbedingt schneller als die Amerikaner zu sein, in der Eile die Veränderung des Luftdrucks und dessen Folgen nicht bedacht.

Alexej bekommt Angst. Schon sieht er sein verhältnismäßig kurzes Leben beendet, sein Körper wird 400 Kilometer von der Erde entfernt im All herumschweben, bis er sich auflöst. Alexej selbst hätte gar nichts davon, der erste Mensch im All gewesen zu sein.

Er schafft es, ein wenig Luft aus dem Anzug zu lassen, dann versucht er mit dem Kopf zuerst und damit verkehrt herum durch die Luke zu gelangen, was eigentlich fatal ist, weil er die Luke dann hinter sich nicht mehr schließen kann. Aber was soll er sonst tun?

Mit Geschick und Glück gelingt es ihm, sich zunächst einmal mit dem aufgeblasenen Anzug durch die Öffnung zu schieben. Nun ist er zwar drinnen, aber die Tür hinter ihm ist geöffnet, das All droht, und in der Schleuse ist es so eng, dass er sich nicht drehen kann. Er checkt seinen Sauerstoff und stellt fest, dass er gleich aufgebraucht sein wird.

Auch wenn es anstrengend ist und extra Sauerstoff verbraucht, versucht er mit aller Kraft sich in die richtige Position zu bringen. Aber jetzt hängt er irgendwo fest. Er unterdrückt seine Angst, manövriert weiter, ruckelt sich irgendwie zurecht, und schafft es im letzten Moment tatsächlich, die Luke zum All zu schließen.

Der Wettkampf zwischen Ost und West im All wird auf der Erde mit anderen Mitteln ausgetragen. Als der Deutsche Bundestag am 7. April, um die Zugehörigkeit Westberlins zur Bundesrepublik zu untermauern, ausnahmsweise nicht in der Bundeshauptstadt Bonn, sondern in Westberlin tagt, überfliegen sowjetische Düsenflieger als Drohgebärde mehrere Male die Stadt im Tiefflug. In Westberlin gehen dabei vereinzelt sogar Scheiben zu Bruch. Moskau ist der Ansicht, dass Westberlin nicht zur Bundesrepublik gehört. In der Folge wird auch die Autobahn von der BRD nach Westberlin durch die DDR von sowjetischen und Soldaten der DDR blockiert. Die Westalliierten beschließen, weitere Provokationen zu unterlassen, um eine Konfrontation zu vermeiden, und verbieten weitere Bundestagssitzungen in Westberlin.

Am 6. August unterzeichnet US-Präsident Lyndon B. Johnson in Washington den *Voting Rights Act*. Damit haben alle Afroamerikaner das Recht zu wählen, was wesentlich zur gesetzlichen Gleichstellung Schwarzer und Weißer in den USA beiträgt.

In Frankfurt am Main werden am 19. August nach 180 Verhandlungstagen im Auschwitz-Prozess die Urteile verkündet. Die zum Teil milden Strafen führen zu Protesten im In- und Ausland.

Einen Monat später, am 19. September 1965, ist Bundestagswahl: CDU/CSU erhält die meisten Stimmen, gefolgt von der SPD und mit einigem Abstand FDP. Ludwig Erhard wird als Bundeskanzler bestätigt.

Die Erlaubnis, zur Wahl zu gehen, ist für den inzwischen sechzehn Jahre alten Marius noch eine gefühlte Ewigkeit entfernt – das Wahlrecht liegt derzeit noch bei 21 Jahren.

In Düsseldorf bringt er die Handelsschule Woche für Woche hinter sich, die Ausbildung stellt er nicht infrage, und vielleicht hat sie ja auch ihr Gutes. Einen Beruf kann er sich daraus nicht herleiten, in einem Büro will er ganz sicher nicht enden. Die Verbindung zu Yvonne war zuletzt etwas abgekühlt, weil sie einen neuen Freund hat, der wesentlich älter ist als sie.

Aber für Marius eröffnen sich auch gerade ganz andere

Chancen. Er nimmt zu den Proben der Rabbeats immer öfter seine Gitarre mit und begleitet die Jungs – zuerst vorsichtig und zurückhaltend, dann immer selbstbewusster. Als eines Tages der Rhythmusgitarrist die Band verlässt, weil er mit seinen Eltern in eine andere Stadt umzieht, nimmt Marius ganz selbstverständlich den frei gewordenen Platz ein. Jetzt ist er endlich Mitglied einer Band!

In den nächsten Wochen und Monaten trifft er sich mit den anderen ganz offiziell zum Üben, aber auch zum gemeinsamen Musikhören, zum Vergleichen von Stereoanlagen und Schallplatten, Fachsimpeln über Instrumente, Boxen und Verstärker. Es ist eine neue Welt, zu der Marius Zugang gefunden hat, eine Welt, die unendlich groß und weit und spannend ist. Das euphorisiert ihn und gibt ihm ein Gefühl von Zukunft, ohne dass er im Entferntesten darüber nachdenkt, die Musik einmal zu seinem Beruf machen zu können.

Für ihn und seine Musikerfreunde ist das absolut nicht vorstellbar. Richtige Profimusiker, das sind in ihren Augen die Jungs aus England, die selber komponieren und ihre eigenen Songs spielen, die Beatles zum Beispiel oder die Stones. Diese beiden Bands beginnen gerade Musikgeschichte zu schreiben. Sie sind nur ein paar Jahre älter, treten regelmäßig auf und bringen ein Album nach dem anderen heraus.

Als die zweite Langspielplatte der Rolling Stones mit dem Titel *No 2* auf den Markt kommt, holt Marius sie sofort in dem kleinen Plattenladen mit der süßen Verkäuferin, wo man im Gegensatz zu dem großen Funkhaus Evertz keine Platten anhören kann. Zu Hause spielt er die Platte rauf und runter. Sie enthält, wie schon das erste Album, neun Rhythm-and-Blues-Coverversionen und drei Eigenkompositionen (erst später werden die Stones durchweg eigene Songs schreiben). Das Album erreicht weltweit Spitzenplätze in den Hitparaden, ebenso die Singles *The Last Time* und *I Can't Get No Satisfaction.*

Die Beatles besetzen in diesem Jahr 1965 in Deutschland mit ihrem Album *Beatles For Sale* schon das ganze Frühjahr den ersten Platz der Albumcharts und legen im Herbst mit dem Album *Help!*, der gleichnamigen Single und dem Song *Yesterday* nach. Sechs Alben veröffentlichen die Beatles in ihren ersten drei Jahren. Unter Musikfans ist längst die Frage entbrannt, welche der beiden Bands die bessere ist. Für Marius steht es (noch) außer Frage: natürlich die Stones.

Während die englische Beat-und-Pop-Welle um die Welt geht, entwickelt sich vor dem Hintergrund des sich ausweitenden Vietnamkriegs in den USA eine Folk- und Protestmusik, für die neben vielen anderen Musiker wie Bob Dylan oder The Byrds stehen. Der Song *Eve Of Destruction* von Barry McGuire setzt zum Rundumschlag an gegen atomare Bedrohung, Diskriminierung von Minderheiten und den Krieg in Vietnam. Er wird von den amerikanischen Radiosendern als unpatriotisch abgestempelt und boykottiert, bevor er sich zur Protesthymne entwickelt. Zunächst beanstandet, später berühmt wird die Textzeile: *You're old enough to kill, but not for votin'.* In den USA dürfen junge Männer schon mit 18 zum Militär eingezogen werden, aber wählen dürfen sie auch dort erst mit 21. Mehrere Hunderttausend US-Soldaten werden nach Vietnam geschickt. Viele sterben, die anderen kehren traumatisiert nach Hause zurück und können sich nur schwer in die Gesellschaft integrieren.

Die Parallelen liegen auf der Hand: Marius' Vater Hans und viele andere Väter waren als junge Männer an die Front geschickt worden. Diejenigen, die überlebten, mussten nach der Rückkehr 1945 in den neuen Friedenszeiten und den Wiederaufbaujahren in Deutschland mit ihren Kriegserlebnissen klarkommen. Manche haben es nicht ausgehalten. Sie haben den Krieg überlebt, aber auch er hat überlebt – in ihnen. Und ihre Familien mussten das irgendwie mittragen.

1965 liegt das Kriegsende zwanzig Jahre zurück. Jahre, in denen in Deutschland vor allem geschwiegen wurde. Das beginnt sich nun langsam zu ändern, das Schweigen bricht mehr und mehr auf. Die Musiker mit ihren Protestsongs aus den USA, die dem Grauen des Krieges Stimme und Worte geben, ebnen der Wahrheit den Weg ins Bewusstsein der Gesellschaft, sie entfalten auch in Deutschland langsam ihre Wirkung.

Die Beatmusik hat auch die Jugend im Osten Deutschlands erreicht. In der DDR formieren sich viele Beatbands, zu den bekanntesten gehören die Sputniks aus Ostberlin und die Butlers aus Leipzig. Als ein Großteil dieser Bands von der Staatsführung der DDR verboten wird, kommt es zur sogenannten Leipziger Beatdemo, einer der größten nicht genehmigten Demonstrationen der DDR-Geschichte. Volkspolizei und Stasi reagieren mit Härte gegen die jungen Leute, die durch die Leipziger Innenstadt ziehen. 264 Demonstrantinnen und Demonstranten werden festgenommen, knapp einhundert von ihnen werden zur Strafe in den

Braunkohleabbau geschickt, wo sie mehrere Wochen lang hart arbeiten und die Musik vergessen sollen.

In Westdeutschland ist Beatmusik zwar nicht von Staats wegen verboten, aber weite Teile der Gesellschaft, einschließlich der Medien, reagieren mit Unverständnis und Abwehr. Auch in Düsseldorf wird mit Misstrauen verfolgt, wie die Söhne und Töchter sich mit der neuen Musik identifizieren.

Liselotte Müller-Westernhagen macht sich dieselben Sorgen, auch was die beruflichen Zukunftsaussichten ihres Sohnes angeht. In den Fernsehnachrichten sieht sie eines Abends die Bilder von der total zerstörten Waldbühne in Berlin. Der Veranstaltungsort war nach einem Konzert der Rolling Stones bei Auseinandersetzungen zwischen Fans und Polizei komplett zerlegt worden. Es ist die Band, deren Musik sie auch aus dem Zimmer ihres Sohnes hört. Da wird ihr bange, und von ihr aus können diese Gäste aus England in Zukunft auf der Insel bleiben.

Ein anderer Besuch aus Großbritannien ist ihr dagegen willkommen: Am 25. Mai besuchen Königin Elizabeth II. und ihr Ehemann Prinz Philip im Rahmen eines Staatsbesuchs die Stadt Düsseldorf. Es wäre doch zu schön, wenn ihr Sohn sich mehr an ihren Umgangsformen als an jenen von Mick Jagger und seinen wilden Freunden orientieren würde.

Aber so oder so: Marius bleibt ihr geliebter Sohn, und für ihn tut sie letztendlich alles. Außerdem, und das erzählt sie gerne, macht Marius ja seine Handelsschule anständig.

Etwas weniger Zeit wendet er in diesem Jahr für die Arbeit beim Film auf. Er spielt den kleinen Bruder Pinkepank im Walter-Davy-Film *Trilltrall und seine Brüder,* der am zweiten Weihnachtsfeiertag ausgestrahlt wird. Außerdem ist er im Radio in *Wickie und die starken Männer* zu hören. Nachdem das Buch des schwedischen Autors Runer Jonsson den Deutschen Jugendbuchpreis gewonnen hat, macht der WDR daraus ein Hörspiel, und Marius spricht die Hauptrolle, die des kleinen und schmächtigen, etwas ängstlichen, aber schlauen Wikingerjungen Wickie, der immer eine zündende Idee hat.

14

DAS TAGESLICHT fällt auf die schlanke Gestalt in der Wohnungstür aus massivem Holz. Marius trägt einen Sommeranzug und ein weißes Hemd. Die ganze Person passt auf eigentümliche Weise zur Klaviermusik, die irgendwo aus dem Hintergrund kommt und leise durch die Räume schwebt.

Bevor ich ihn begrüßen kann, sagt er: »Das ist aber ein schönes Hemd!«

Ich schaue überrascht an mir herunter. Das Hemd ist uralt, ich weiß nicht einmal mehr, wann und wo ich es gekauft habe.

»Ich habe auch noch viele Hemden von früher«, sagt er auf dem Weg in die Küche, »die trage ich immer noch gerne.«

»Hast du später einen Termin?«, frage ich.

»Nein, nein, ich ziehe auch zu Hause manchmal einen Anzug an. Espresso?«

»Wie ist es mit dir?«

Marius hebt die Hand wie zum Schwur. »Hatte schon drei. Mehr geht nicht. Sonst bin ich so.« Er bleibt stehen, verwandelt sich von einem Moment auf den anderen, spielt ein nervliches Wrack mit zitternden Fingern. Ebenso plötzlich verwandelt er sich wieder zurück, und wir entscheiden, nur Wasser zu trinken.

Die Klaviermusik setzt plötzlich aus – und wieder ein.
»Sich zu kleiden ist ein kreativer Prozess«, sagt Marius und stellt Gläser aufs Tablett. »Das hat mit Stimmung und Gefühl zu tun und ist auch immer ein Ausdruck von Persönlichkeit. Dasselbe gilt übrigens auch für die Architektur. Bei beidem ist für mich die Silhouette das Entscheidende. Ich zum Beispiel mische gerne verschiedene Stile.« Er öffnet einen Küchenschrank. »Andererseits«, er schließt den Schrank und verschwindet hinter der Kühlschranktür, »besteht Barbara sogar darauf, dass Schauspieler in historischen Filmen unter ihren Kostümen auch Unterwäsche aus der entsprechenden Zeit tragen, weil das ihrer Meinung nach die Körpersprache beeinflusst.«

»Barbara?«

»Barbara Baum.« Er hat jetzt zwei Flaschen in der Hand. Die Klaviermusik setzt aus – und fängt nach wenigen Sekunden wieder an. »Eine Kostümbildnerin.«

»Ist deine Anlage kaputt?«, frage ich. »Klingt, wie wenn eine CD hängt.«

Marius lacht und erklärt dann mit einer Kopfbewegung: »Lindi hat Klavierunterricht. Ihre Lehrerin ist da.«

Wir gehen rüber ins Wohnzimmer, und er sagt: »Das muss ich nachher Lindi erzählen, dass sie klingt wie eine kaputte CD. Die lacht sich schief.«

Er stellt seine Flasche neben dem Sofa auf dem Boden ab. Wir setzen uns wie immer einander gegenüber.

»Wie wichtig war Mode für dich früher?«

Er lehnt sich zurück und verschränkt die Hände hinterm Kopf. »Wir hatten alle kein Geld, es gab keine Designer-Outlets, und die Männermode war total eintönig. Ich bin am liebsten in die Frauenabteilung gegangen, die hatten witzigere Sachen. Aber alles war teuer. Die einzige Möglichkeit, die ich hatte, war, jeden Pfennig zu sparen.«

»Erinnerst du dich noch an ein bestimmtes Kleidungsstück?«

»Zwei Samthosen«, antwortet er, ohne zu überlegen. »Eine war golden, die andere lila. Beide hauteng und vom Knie abwärts mit Schlag. Dazu ein Seidenhemd. Mit meinen langen Haaren kam es nicht nur einmal vor, dass sie mir auf der Straße ›Schwuchtel‹ hinterhergerufen haben und mir Prügel angedroht wurden. Aber bei den Mädchen kam der Look gut an.«

Marius berichtet von einem Laden in der Düsseldorfer Altstadt, Popov, der von zwei Freaks betrieben wurde, die Klamotten aus New York und London importierten und die großen Designer der Sechzigerjahre führten, wie zum Beispiel Ossie Clark. Dort gab es die ersten Hemden mit ›Bananenkragen‹.

»Kennst du?« Er zeichnet mit dem Finger auf seinem Hemd. »Die hängen wie Bananenschalen links und rechts vom Hals herunter. An den Oberarmen war das Hemd hauteng, an den Unterarmen ganz weit, und der Stoff hing über die Hände.«

Er berichtet, wie er als Kind bei seinem Vater im Theater herumlungerte und sich unter anderem die historischen Kostüme von *Maria Stuart* und *Doktor Faustus* anschaute – und dabei vielleicht einen eigenen Blick und ein eigenes Gefühl für Stil entwickelt hat. Und eine Hemmungslosigkeit, Dinge zu kombinieren. Aber manche Designs seien so perfekt, der Trenchcoat von Burberry, zum Beispiel, oder die klassische Levi's 501, dass man sie nicht ändern sollte. Marius nickt einmal, als wollte er den Gedanken festklopfen. »Das ist bei Kleidung genau so wie mit einem perfekt gesungenen Song. Es gibt Songs, die wurden so gut gesungen, dass es einfach nicht besser geht.«

»Zum Beispiel?«

»Frank Sinatra: *My Way*. Den Song würde ich nie anfassen, und dabei liebe ich ihn. Ich liebe ihn! Aber niemand kann ihn so gut singen wie er. Ebenso: *If You Go Away* – geschrieben von Jacques Brel in der Interpretation von Sinatra.«

»Und bei den Sängerinnen?«

»Whitney Houston: *I Will Always Love You*, geschrieben von Dolly Parton.«

Ich gieße mir ein Glas Wasser ein und sehe im Augenwinkel, dass da ein Plattenspieler im Regal steht.

»Den hat Lindi im Keller ausgegraben«, erzählt Marius. »Wir haben ihn angeschlossen, und er läuft wie eine Eins. Dabei ist er über dreißig Jahre alt. Da sieht man mal.«

Er berichtet, dass Lindi schon angefangen habe, die Platten anzuhören.

»Kennt sie eigentlich alle deine eigenen Platten?«

»Nein, ich glaube nicht. Aber sie kennt natürlich viele Songs.«

Ich frage ihn, wo er seine Texte archiviert, falls er mal was nachschlagen will.

»Ich schau einfach im Internet«, sagt er. »Du brauchst nur Westernhagen eingeben, und zack.«

»Wollen wir mal einen anschauen? Welchen?«

Marius steht auf. »Der ist auf dem *Halleluja*-Album und

heißt *Der Chor der Blöden*. Ich gucke mal, ob ich den finde.«

Er geht rüber zum Schreibtisch am Fenster, kommt mit dem Notebook zurück und stellt es auf seine Knie. »Komisch, dass man sich an seine eigenen Texte nicht mehr genau erinnern kann, oder?«

»Findest du das wirklich komisch? Ist doch eigentlich klar, wenn man immer wieder Neues schreibt.«

»Geht dir das mit deinen Texten auch so?«

»Natürlich.«

»Das tröstet mich.«

Er öffnet den Laptop, tippt und scrollt. »Warte mal, wo finde ich den *Chor der Blöden* – ah, da ist er. Der Song ist über acht Minuten lang. Das war auch Drogenmusik, wie ich das immer nenne. Psychedelische Musik.«

Marius setzt sich zurecht und liest den Text vor:

>   Blut ist keine Lösung
>   Schönheit kein Rezept
>   Schleppend die Verblödung
>   Komm schon her, sei nett
>
>   Lieber kurz die Hölle
>   Als in Ewigkeit
>   Sich den Rücken schinden
>   Allzeit seid bereit
>
>   Mutter weint um Sohn
>   Sohn ist drogensüchtig

Drogen machen Träume
Träume sind so wichtig

Vater schlägt den Sohn halbtot
Keine Drogen mehr
Sohn gesund und ohne Träume
Gibt sich den Rest mit Schießgewehr

Und es singt der Chor der Blöden
Der schon immer war zu laut
Und es singt der Chor der Blöden
Der schon immer war zu laut

Coole Jungs und coole Mädchen
Cooler Job und cooler Tod
Auch mein Schwanz bleibt ganz cool hängen
Wenn man mir mit Liebe droht

Drum lieber kurz die Hölle
Als in Ewigkeit
Sich den Rücken schinden
Allzeit seid bereit

Und es singt der Chor der Blöden
Der schon immer war zu laut
Und es singt der Chor der Blöden
Der schon immer war zu laut

»Und dann folgt zum Ende eine minutenlange Kakophonie von Elektrogitarren«, erzählt Marius lachend. Live hätten sie den Song manchmal auf bis zu zwanzig Minuten ausgedehnt. »Das Publikum war damals so tolerant, dass du auf der Bühne über alle Grenzen improvisieren konntest: lange Gitarrensoli, Schlagzeugsoli, verrückte Sachen.«

Er klappt das Notebook wieder zu und sagt, dass er sich immer freut, wenn Musiker auf der Bühne eine andere Version ihrer Songs spielen als auf ihren Platten. »Ich habe immer gefunden, dass man sich mit einem Ticket fürs Theater, für die Oper oder ein Konzert das Recht auf eine künstlerische Darbietung erkauft und nicht, dass das so eine Art Dienstleistungsservice ist, wo man die Songs alle genau so hört, wie sie auf Platte sind.«

»Hat sich denn jemand beschwert?«

»Das kam vor. Als sich bei einem Konzert Leute beschwerten, hab ich gesagt: ›Kinder, warum kommt ihr denn her? Wenn ihr das genau so hören wollt, wie ihr es kennt, dann legt euch doch besser zu Hause die Platte auf.‹«

Er stellt den Laptop beiseite und erinnert sich: »Ganz früher, wenn ich als junger Mann zu Konzerten ging, waren die guten Bands auf der Bühne besoffen, stoned oder sonst was – und das Publikum war es zu einem überwiegenden Teil ebenso. Der Effekt war, dass von zehn Konzerten zwei genial waren, mit einer Magie, die du nie wieder vergisst. Der Rest war Schrott.«

Als ich mich verabschiede und wir uns erheben, erzählt er noch von der Suche nach Gospelsängerinnen für den Chor in seinem neuen Song. Demnächst wolle er auch ins Studio gehen, um den Song abzumischen. Er begleitet mich noch bis zur Tür, und im Vorbeigehen streicht er mit der flachen Hand über den Flügel.

15

IN DEN LETZTEN MONATEN hat Marius seine Rolle bei den Rabbeats kontinuierlich ausgebaut. Inzwischen entscheidet er schon mit, welche Songs die Gruppe spielt, wann und wo sie üben und wie der Bühnenauftritt gestaltet wird.

Aber ihn stört, dass die anderen Bandmitglieder nicht so engagiert bei der Sache sind wie er selbst: Er kann sich nicht darauf verlassen, dass alle geschlossen auftauchen, wenn er mal einen Proberaum organisiert hat, oder wenn sie die Möglichkeit haben aufzutreten – und die Band wird nicht gerade mit Angeboten überhäuft.

So taucht er auch in den weiteren Raum der Düsseldorfer Musikszene ein und lernt Musiker aus Deutschland und aus anderen Ländern kennen, spielt bei verschiedenen Sessions und fragt bei anderen Bands an, ob er mitspielen oder sogar singen könnte. Seit seinem Stimmbruch beginnt er, sich mehr auf die Singerei zu konzentrieren. Seine neuen Erfahrungen überzeugen ihn, nicht nur die Auswahl der Stücke und die Richtung der Musik jetzt weitgehend allein zu bestimmen, sondern er will einen neuen Namen für die Band. Aus den Rabbeats werden About Five. Nicht nur mit ihrem Können bleiben sie noch weit von dem entfernt, was Marius sich vorstellt, wobei er sich und die anderen Bandmitglieder mit seinen hochgesteckten Zielen so manches Mal überfordert. Auch der Sound ist alles andere als ideal. Marius hat einen Verstärker besorgt, einen 30-Watt-Burns, über den nun die gesamte Band, einschließlich des Sängers, läuft.

Die Band spielt weiterhin auf Schulfesten und in Jugendclubs, meist vor einer ordentlichen Zahl jugendlicher Zuhörer. Aber es kommt auch vor, dass sich nur wenige Leute für den Auftritt von About Five interessieren. Die größte Enttäuschung erleben sie am 30. Juli 1966, dem Tag des Endspiels der Fußballweltmeisterschaft in Wembley, als in London das Finale mit dem knappen Sieg der Engländer über die deutsche Nationalmannschaft zu Ende geht, und Deutschland trauert. Am selben Abend geben About Five in Düsseldorf im Gemeindesaal der Bunkerkirche – eigentlich für Auftritte eine sichere Bank – ein Konzert. Nur drei Gäste sind gekommen, sitzen ganz hinten im Saal, trinken Bier und grölen irgendwann nur noch *La Bamba*. Nach dem Ende des Konzerts packen About Five traurig ihre Instrumente ein.

Marius wird erst viel später verstehen, dass diese frustrierende Erfahrung, wie auch alle weiteren Niederlagen, eine existenzielle Bedeutung hat, weil sie in ihm den Immunschutz gegen das stets drohende Virus Hochmut aufbaut.

Solch deprimierende Erlebnisse verhindern, dass Marius abhebt, und die Gefahr besteht permanent. Dafür bräuchte er nur die Zeitungsausschnitte über seine Fernseh- und Hörfunkauftritte anzuschauen und die Standfotos von den Filmsets, die seine Schwester mit den Artikeln in einer Mappe sammelt und aufbewahrt, und hätte sie es nicht getan, wäre da wohl seine Mutter hinterher gewesen.

Liselotte Müller-Westernhagen ist nach wie vor stolz auf

ihren Sohn, wenn sie ihn im Fernsehen sieht und hinterher von Freundinnen und Nachbarn auf ihn angesprochen wird. Trotzdem hofft sie immer noch, dass er sich nach Abschluss der zweijährigen Handelsschule und der Mittleren Reife, die er sich damit erworben und seit April in der Tasche hat, vielleicht doch noch dazu durchringt, erst einmal ein Engagement an einem kleinen und seriösen Theater anzunehmen. Weil von ihrem Sohn diesbezüglich aber gar keine Signale kommen und wohl auch keine zu erwarten sind, hat sie schon eine Alternative im Sinn: ein Schauspieldiplom.

Liselotte Müller-Westernhagen geht es um Sicherheit, und da lässt sie auch nicht mit sich diskutieren. »Ein Diplom ist eine Versicherung, damit könntest du zum Beispiel Lehrer werden«, erklärt sie. Marius erinnert seine Mutter an seinen eigenen Lehrer von der Handelsschule, Herrn Rieger, der ihn am letzten Tag um ein Autogramm gebeten hat für den Fall, dass er mal »richtig berühmt« werden sollte.

Er selbst will sicher kein Lehrer werden, aber er hat keine Wahl und willigt schließlich ein, sich um eine Schauspielschule, zwecks Erlangung eines Diploms, zu kümmern. Nicht weil er noch bei seiner Mutter wohnt und trotz vieler Aufträge als Schauspieler wenig Geld zur Verfügung hat. Es ist vielmehr die elterliche Autorität, die zu jener Zeit noch einigermaßen akzeptiert wird.

Aber die Akzeptanz bröckelt allgemein, Autoritäten werden mehr und mehr infrage gestellt. Die erste Nachkriegsgeneration, im Frieden aufgewachsen, ist nicht mehr überzeugt, dass das Anhäufen materieller Güter zur Absicherung der Existenz das Wichtigste im Leben sei. Vielmehr stört, ja quält es sie immer mehr, dass so vieles im Schatten liegt und verborgen bleibt. Das Verdrängen der Nazivergangenheit, die Unfähigkeit, zur eigenen Vergangenheit zu stehen oder überhaupt nur Stellung zu ihr zu beziehen, die Unfähigkeit, zu trauern oder zu genießen – all das kratzt immer stärker an den Autoritäten der Elterngeneration.

Die Elterngeneration ihrerseits ist durch ihr langes, zähes Durchhalten während der Kriegs- und Hungerjahre verhärtet, verängstigt und unfähig, auf neue Strömungen zu reagieren. Sitzt eingemummelt in ihre Winterjacken an alten Heizöfen, obwohl der Frühling schon da ist, und besteht darauf, dass ihre Kinder es ganz genauso machen, als ahnten sie: Werden ihre Regeln erst infrage gestellt und ihnen nur eine einzige ihrer mühsam zusammengehaltenen Bastionen genommen, dann kracht alles zusammen. Die Angehörigen der Elterngeneration haben so viel durchgemacht, sie wollen sich zu nichts mehr zwingen und sich schon gar keine ungehörigen Fragen von irgendwelchen Grünschnäbeln stellen lassen; gleichzeitig hat die Jugend nicht vor, sich von den Ewiggestrigen länger Vorschriften machen zu lassen.

Während der Generationenkonflikt sich immer mehr aufbaut, stehen im August dieses Jahres 1966 in den USA, im weit entfernten San Francisco, die Beatles am Ende ihrer Tour zum letzten Mal gemeinsam auf der Bühne und verkünden, danach nicht mehr zusammen live aufzutreten (und machen später nur eine Ausnahme: beim sogenannten Rooftop Concert). Gleichwohl veröffentlichen sie in den folgenden vier Jahren bis zur Auflösung der Band noch sechs weitere Alben. Waren Marius die Stones bislang immer näher, so nehmen ihn die neuen Alben, beginnend mit *Revolver*, das in diesem Sommer erscheint, zunehmend für die Beatles ein.

Die Musik ist es auch, die den einstigen begeisterten Fußballspieler langsam, aber sicher vom Sport wegzieht. Marius hat immer weniger Zeit, zu trainieren und Fußball zu spielen, geht aber weiterhin regelmäßig am Wochenende ins Stadion zu den Bundesliga-Heimspielen der Fortuna, und auch die Eishockeyspiele der DEG gehören im Winter noch zu seinem Freizeitprogramm. Er ist begeistert, als Borussia Dortmund als erste deutsche Mannschaft einen europäischen Fußballpokal gewinnt: den Europapokal der Pokalsieger mit einem 2:1-Sieg über den FC Liverpool. Noch schlägt sein Herz mehr für die Fortuna, aber in seinem späteren Leben wird die Leidenschaft für die Borussen dominieren.

Im Sommer beginnt Marius Schauspielunterricht zu nehmen. Sein Lehrer ist Otto Ströhlin, ein alter Bekannter, geboren 1899, Mitglied im Ensemble des Düsseldorfer Schauspielhauses, der nicht nur Hans Müller-Westernhagen kannte und schätzte, sondern schon seit Jahren auch die ganze Familie. Marius mag den in seinen Augen uralten Herrn und lässt sich von ihm artig die Kunst und Kniffe der Schauspielerei erklären.

Eine Disziplin hat er ohnehin von Kindesbeinen an gelernt und seither immer weiter perfektioniert: das Beobachten und Analysieren von Menschen, ihren Stimmungen und Verhaltensweisen. Oft auch notgedrungen, um herauszufinden, in welcher Stimmung die Erwachsenen sind, speziell sein Vater, um sich darauf einzustellen und sein Verhalten entsprechend anzupassen. Das war besonders wichtig, wenn sein Vater, im Grunde ein friedvoller Mensch, sich dem Alkohol hingab und der Junge dann stets auf der Hut sein musste, ob Anzeichen auf einen der gefürchteten unkontrollierten Wutausbrüche hindeuteten oder ob vielleicht sonnige Zeiten anbrachen und bei seinem Vater mal Hoffnung und Zuversicht keimten.

Auch seine Mutter, die auf ihre Art – meistens mit stoischer Disziplin, unter Ausblendung jeglicher Gefühlsduseleien – versuchte, mit den widrigen Lebensumständen und manchmal gefährlichen Stimmungsschwankungen des Vaters umzugehen, stand unter Beobachtung ihres Sohnes. Das Gefühl von Sicherheit und Geborgenheit hat Marius in seiner Kindheit selten erlebt, mal vielleicht als flüchtigen Moment, eher eine Illusion, aber eigentlich war es kaum je vorhanden.

Sein eigenes Verhalten an das der Erwachsenen anzupassen und jederzeit bereit zu sein, in die jeweils gerade gefragte Rolle zu schlüpfen, war ein Talent, das er immer weiter ausbaute und zu seiner Überlebensstrategie entwickelte.

Im Schauspielunterricht von Otto Ströhlin gibt er den gelehrigen Schauspielschüler, der insgeheim längst zu unterscheiden weiß, was vom Gelernten er sich merken muss und was er schnell wieder vergessen soll. Denn für ihn wird weiterhin die Straße, das Beobachten und Analysieren von Menschen die beste Schule sein. Seine Helden findet er im damals jungen französischen, italienischen und amerikanischen Kino, wie Robert De Niro, Al Pacino, Jean-Paul Belmondo, Yves Montand und Vittorio de Sica.

Zu Hause ist Marius mit einer neuen Situation konfrontiert: Seine Mutter, inzwischen seit zwei Jahren verwitwet, eröffnet ihm, dass sie dabei sei, sich wieder in der Welt umzusehen, und das Ziel verfolge, sich früher oder später noch einmal zu binden. Sie habe auch schon die eine oder andere Bekanntschaft gemacht. Marius stürzt dieses Geständnis in große Verwirrung. Seit dem Tod des Vaters ist er doch eigentlich so etwas wie der Mann im Haus. Und ist es nicht auch ein Verrat am Vater, wenn die Mutter plötzlich anfängt, sich nach anderen Männern umzuschauen? Darf er das als Sohn tolerieren? Er ist mit dieser Frage heillos überfordert, und nicht zu wissen, was Richtig und was Falsch ist, quält ihn.

Da kommt es ihm ganz gelegen, dass er mit dem Schauspielunterricht, den Jobs beim Film und im Hörfunk und nicht zuletzt mit der Band voll beschäftigt ist und Fragen zur persönlichen Zukunft seiner Mutter und zu allem, was daraus folgen mag, immer wieder ausblenden kann.

Was seine Band angeht, will Marius professioneller werden, will weiter, und er hat auch schon Ideen, wie ihm das gelingen könnte. Sein nächstes Ziel ist das Beat-Festival in der Düsseldorfer Rheinhalle, bei dem diverse Amateurbands aus Nordrhein-Westfalen auftreten dürfen. Er schreibt dem Veranstalter und bewirbt sich um einen der begehrten Startplätze für About Five.

16

DÜSSELDORF, AM 18. FEBRUAR 1967. Punkt 19 Uhr beginnt in der Rheinhalle das Beat-Festival, für das Bands aus Aachen, Duisburg, Köln und kleineren Städten Nordrhein-Westfalens angereist sind. Das Publikum besteht aus vielen Fangruppen, die die Bands mitgebracht haben, Schulfreunde und Verwandte, aber auch Neugierige aus der Musikindustrie und Journalisten. Die Fans feuern nicht nur ihre eigene Band an, die Stimmung in der Rheinhalle ist insgesamt gut, denn Beatmusik in einem so großen Rahmen live zu hören ist für die jungen Leute noch etwas ganz Besonderes.

Der Gig von About Five kommt beim Publikum gut an, in Erinnerung wird vor allem der extravagante Sänger Marius Müller-Westernhagen bleiben, der in engen Glitzerhosen und Seidenhemd auftritt. So weit hat sich an diesem Abend kein anderer vorgewagt, und der Sänger fällt auch Mitgliedern anderer Bands auf.

Einer von ihnen ist Bodo Staiger, siebzehneinhalb Jahre alt. Er hat im selben Alter wie Marius die Schule geschmissen, sich das Gitarrenspielen selbst beigebracht und macht gerade eine Ausbildung zum Goldschmied, die er lieber nicht machen würde. Auch er verfolgt den Traum, Profimusiker zu werden. Er ist ohne Vater aufgewachsen, von der Großmutter umsorgt, während die Mutter sich um das Geld kümmern musste. Lebensumstände, die den Erfahrungen von Marius ähnlich sind. Was die beiden zusätzlich auf Anhieb miteinander verbindet, ist nicht nur der gleiche Musikgeschmack, sondern auch der gleiche Ehrgeiz. Wie Marius will Bodo weiterkommen, sich entwickeln und ist überzeugt davon, das auch zu schaffen. Die beiden freunden sich schnell an, und Marius macht Bodo zum Gitarristen bei About Five.

Sie treffen sich zum Plattenhören, meistens bei Marius zu Hause in seinem Zimmer, diskutieren über Musik und suchen gemeinsam die Bands und Songs aus, die sie covern wollen: Small Faces, Jimi Hendrix, natürlich die Stones, aber auch die Yardbirds. Sie gehen in den Liverpool Club in der Graf-Adolf-Straße, hören sich die englischen Bands an, die dort täglich auftreten, proben regelmäßig und treten weiter bei Schulfesten und in Jugendzentren auf, aber manchmal auch in Livemusik-Clubs – und nicht nur in Düsseldorf, sondern nun auch in der Umgebung. Marius steht nicht nur als Sänger auf der Bühne, sondern spielt neben Gitarre inzwischen auch mal Mundharmonika. Das Publikum wird größer und gemischter, die Band bekommt höhere Gagen, mehrere Hundert Mark sind an einem Abend drin, und statt immer nur zu Hühner Hugo zu gehen, reicht es jetzt auch mal für den Jugoslawen in Oberkassel, wo der Balkanteller, Kotelett mit Reis, DM 3,80 kostet.

Damit die Presse auch endlich anfängt zu berichten, setzt Marius sich noch in der Nacht nach den Auftritten hin und schreibt Rezensionen. Er bewertet die Konzerte von About Five tendenziell positiv, aber bewusst nicht zu begeistert, es soll schließlich seriös und ausgewogen klingen. Dann wirft er den Text ohne Autorennamen bei der *Rheinischen Post* in den Briefkasten. Tatsächlich finden er und seine Bandkollegen hoch erfreut die gedruckte Rezension zwei oder drei Tage später in einer kleinen Kolumne.

Im Frühsommer 1967 steht die Bühnenreifeprüfung an. Marius muss den Monolog von Launcelot Gobbo aus Shakespeares *Der Kaufmann von Venedig* lernen und sucht sich selbst den Monolog aus *Marius et Fanny* von Marcel Pagnol aus – unbewusst vielleicht eine Reverenz an seinen Vater, der einst mit dem Stück auf der Bühne stand.

Tage- und nächtelang repetiert er seine Rolle Wort für Wort, wieder und wieder, wie ein Roboter. Wenn er sich verspricht oder etwas vergisst, bestraft er sich, indem er wieder von vorne anfängt. Sobald er den Text beherrscht, erhöht er das Tempo und rattert ihn immer schneller und ganz ohne Ausdruck oder Betonung herunter. Erst wenn der Text in sein Unterbewusstsein eingedrungen ist, kann er an die Gestaltung gehen und die Sprache des Charakters ohne nachzudenken zu seiner machen. Dann beherrscht er den Text und fühlt sich nicht umgekehrt von ihm beherrscht, kann die Rolle jetzt immer wieder neu denken und sie jedes Mal neu empfinden.

Am Tag der Prüfung steht er vor der Paritätischen Prüfungskommission der Genossenschaft Deutscher Bühnen-Angehöriger. Sie besteht aus einer Reihe älterer Herrschaften, denen der Schauspielschüler beweisen muss, ob er als Sohnemann des hochgeschätzten Hans Müller-Westernhagen schon die Bühnenreife verdient hat. Dass er zu diesem Zeitpunkt insgesamt schon in zehn Fernsehfilmen und zahlreichen Hörspielen mitgewirkt hat, spielt an diesem Vormittag keine Rolle.

Marius spricht seine Monologe fehlerfrei, muss einige Fragen beantworten, Szenen aus dem Stegreif vorspielen, dann ziehen sich die Mitglieder der Kommission zur Beratung zurück und kommen zu dem Schluss, dem 18-jährigen die Bühnenreife zuzusprechen. Marius Müller-Westernhagen ist jetzt offiziell geprüfter Schauspieler.

Einen Hinweis fürs Leben gibt die Kommission ihm aber noch mit auf den Weg: Er solle mal bloß nicht zu schnell genial werden und solle sich für den Anfang um ein Engagement an einem Provinztheater bemühen. Als er fragt, warum, lautet die Antwort, das sei die gängige Praxis und habe sich in der Vergangenheit oft genug bewährt.

Kurz vorher hat ihn der Regisseur Wilm ten Haaf am Rande der Dreharbeiten für die Fernsehproduktion *Ostern* nach einem Stück von August Strindberg gefragt, ob er sich vorstellen könne, später vielleicht selber einmal Regie zu führen. Ihm sei aufgefallen, dass Marius wie ein Regisseur denke und nicht wie ein Schauspieler, entsprechende Fragen stelle und auch Ideen habe. Aber Marius will sich damit noch nicht befassen, sondern seine Rolle für den Film *Ostern* so gut wie möglich spielen. Es ist übrigens das erste Fernsehspiel in Farbe im deutschen Fernsehen.

Am 25. August 1967 wird das deutsche Fernsehen bunt. Während der Berliner Funkausstellung drückt Ehrengast und Vizekanzler Willy Brandt, live übertragen, einen großen Knopf, der den Umschalter darstellen soll. Die technische Umsetzung des historischen Moments funktioniert nicht perfekt, und das Fernsehbild wechselt plötzlich von schwarz-weiß auf bunt – schon einen Moment bevor der Vizekanzler den Knopf gedrückt hat.

Marius geht es in diesen Monaten gut. Dass seine Ausbildungszeit als Schauspieler nun endgültig hinter ihm liegt, ist eine Erleichterung und vermittelt schon ein Vorgefühl von Erwachsensein, auch wenn in der Bundesrepublik die offizielle Volljährigkeit erst mit dem 21. Lebensjahr erreicht ist, da muss er sich noch gedulden. Aber immerhin hat er schon seinen Führerschein gemacht, denn das darf man schon mit 18. Und seine Mutter erlaubt ihm, manchmal den Borgward auszuleihen, auch wenn sie nicht damit gerechnet hatte, dass Marius gleich mit drei Freunden, mit laut dröhnender Musik, aber ohne Fahrpraxis von Düsseldorf nach Amsterdam und am nächsten Morgen wieder zurückfahren würde.

In sein Leben ist Bewegung gekommen, und es bewegen sich auch schon Dinge auf ihn zu, von denen er noch nichts weiß. So ist ihm zum Beispiel ein junger, engagierter Mann auf der Spur, der in Marius' Leben bald eine wichtige Rolle spielen wird.

FUSSBALL

Auf welcher Position hast du gespielt?

Es gab damals noch die Position des klassischen Rechtsaußen. Dort habe ich angefangen. Mit der Zeit bin ich dann immer mehr ins Mittelfeld gerutscht. Da ich sehr schmächtig war, musste ich mit meiner Technik und Schlitzohrigkeit überzeugen. Ich hasste es zu verlieren. Selbst wenn wir fünf Minuten vor Schluss 3:0 zurücklagen, war ich immer noch der Überzeugung, dass wir das Spiel gewinnen können.

Hattest du Talent?

Davon war ich zumindest überzeugt. Ich habe schon immer den Willen gehabt, vorneweg zu marschieren und Verantwortung zu übernehmen. Ich habe es geradezu geliebt, Elfmeter zu schießen.

Du hast wegen der Musik mit Fußball aufgehört, war das denn der einzige Grund?

Ich habe zwar weiter Fußball gespielt, aber inzwischen übte Mitglied in einer Band zu sein, eine wesentlich größere

Attraktivität auf Mädchen aus. Das war nicht der einzige Grund, aber doch kein unwichtiger.

Du hättest vielleicht Profifußballer werden können.

Das bezweifle ich. Ich habe ja jetzt schon Probleme damit, eine öffentliche Person zu sein. Die Vermarktung und Vereinnahmung eines Profifußballers durch Medien und Öffentlichkeit ist noch ungleich größer. Ich kann mich dagegen zurückziehen, wann immer ich will. Ich bekäme sonst auch keine Luft mehr und würde den Blick auf das Wesentliche verlieren.

Was hast du beim Fußball gelernt?

Soziales Verhalten. Mit Anstand zu verlieren, mit Demut zu gewinnen, die eigenen Interessen und Fähigkeiten in die Gruppe zu integrieren und dass jeder in diesem Kollektiv ungeachtet seines Talents oder seiner Virtuosität gleich wichtig und bedeutend ist. Man muss halt begreifen, dass Erfolg sich nur im kollektiven Denken erreichen lässt.

Was kann man durch das Verlieren lernen?

Immer wieder aufzustehen – den Glauben nicht zu verlieren –, einzusehen, dass da wohl noch eine Menge Arbeit vor dir liegt, wenn du so gut werden willst, wie du es dir einbildest zu sein, und letztendlich auch deine Grenzen zu erkennen und zu akzeptieren.

Und wenn du das überträgst auf dein Leben als Künstler?

In jeder kooperierenden Gruppe geht es doch in erster Linie um den gegenseitigen Respekt und das gemeinsame Bemühen, das beste Ergebnis zu erzielen. Natürlich wird es immer jemanden geben, der den Takt angibt, der das Spiel bestimmt, wenn du den Vergleich zum Fußball hernehmen möchtest. Das sollte dann derjenige sein, der das Große und Ganze sieht, der die anderen von seiner Vision überzeugen kann und fähig ist, sie zu motivieren, seine Vision durch das Einbringen ihrer jeweiligen Qualifikation zu ihrer zu machen. Wenn dann auch noch die Chemie stimmt, hast du die Voraussetzung geschaffen, etwas Wertvolles zu kreieren.

Und wenn jemand aus der Gruppe nicht richtig mitzieht?

Wenn jemand den Prozess stört und sich für wichtiger hält als das gemeinsame Ziel, muss man sich mit aller Konsequenz von ihm oder ihr trennen. In diesem Sinn hat Kunst natürlich auch etwas Diktatorisches. Jay Stapley, ein großartiger englischer Gitarrist, hat mich nicht zu Unrecht als manchmal verletzend und rücksichtslos bezeichnet, wenn es um die musikalische Zusammenarbeit ging. Ich sei wie ein Fußballtrainer, der sich das Spiel seiner Mannschaft ansieht und beurteilt, wer in dem Konstrukt seine Aufgabe optimal erfüllt und wer nicht. Dann kann es passieren, dass jemand beim nächsten Album oder auf der nächsten Tour plötzlich nicht mehr dabei ist. Ich gebe zu, dass das menschlich fragwürdig daherkommt, aber ohne das als Entschuldigung heranziehen zu wollen, ich hatte schon immer dieses manische Verlangen, die Dinge so weit, wie es nur irgendwie geht, zu verbessern.

Und bist du mit dir selbst ebenso streng?

Natürlich, es gehört dazu, sich auch selbst immer wieder zu hinterfragen.

Findest du es schwer, dich von jemandem zu trennen, ihm das zu sagen?

Nach wie vor, aber es geht ja nicht um mich oder den Betroffenen, sondern um das Album oder die Tour. Das muss über allem stehen.

Fällt es dir schwer, einerseits zu führen und gleichzeitig offen für das zu sein, was die anderen einbringen?

Alles andere wäre ignorant und geradezu dumm. Diese wunderbaren Menschen und Musiker sind ja offensichtlich dabei, weil sie etwas können und einbringen, wofür mir die Fähigkeiten fehlen. Wenn ich ihre Meinungen, ihre Erfahrungen, ihre Gefühle bis hin – wenn sie dazu bereit sind – zu dem Einsatz ihrer Seele nicht mit großer Dankbarkeit wertschätzen würde, müsste man mich als einen Egomanen bar jeder Empathie bezeichnen, der seinen Job mehr als verfehlt. Ich muss eine Liebesbeziehung eingehen mit den Menschen, mit denen ich zusammenarbeite. Eine andere Möglichkeit gibt es für mich nicht. Ich arbeite nicht mit Arschlöchern zusammen.

17

AN EINEM TAG IM MÄRZ 1968, während eines Auftritts von About Five im Jugendclub von Remscheid, bemerkt Marius schon am Anfang des Konzerts den Mann, der mit einem Bier in der Hand hinten an der Wand lehnt und den Auftritt sehr genau beobachtet. Vom Alter her, er mag Ende zwanzig sein, passt der Mann hier eigentlich nicht hin, und Marius spürt, dass der Typ eine gewisse Autorität ausstrahlt.

Nach dem Auftritt deckt sich die Band, wie nach jedem Gig, hinter der Bühne erst mal mit Fast Food ein, trinkt dazu ein paar Bier und feiert. Beim eigenhändigen Einpacken der Verstärker und Instrumente in den VW-Bus spricht der Mann Marius plötzlich an, sagt, dass ihm der Auftritt ausgesprochen gut gefallen habe, er ihn für ein Projekt gewinnen wolle, und fragt, ob sie sich in den nächsten Tagen in Köln treffen könnten.

Gerhard Schmidt ist trotz seiner erst 27 Jahre ein im Film- und Fernsehbusiness schon erfahrener Produzent und Regisseur. In Köln betreibt er zusammen mit Hans-Hermann Köper, einem der ersten Kriegsdienstgegner und späteren Journalisten, die Film- und Fernsehproduktionsfirma Köper & Schmidt. Von den Studentenunruhen inspiriert, hat Gerhard Schmidt die Idee, einen Film über den Sänger einer aufstrebenden Band zu machen, der zur Bundeswehr einberufen wird, das aber unbedingt und mit allen Tricks umgehen möchte, denn die Einberufung würde das Ende der Karriere bedeuten. Der WDR hat das Drehbuch schon genehmigt, und die Dreharbeiten könnten losgehen, wenn nur der geeignete Hauptdarsteller gefunden wäre. Die Schwierigkeit ist, dass es sich um einen Schauspieler im bundeswehrfähigen Alter handeln muss, der auch singen kann. Ein Sozialarbeiter des Jugendclubs hat Schmidt vor wenigen Tagen von Marius Müller-Westernhagen und About Five erzählt, darum hat er sich das Konzert angesehen – und sofort gewusst, dass der schlaksige Typ da vorne auf der Bühne, exzentrisch und extravagant, aber zugleich beherrscht und konzentriert, genau der Mensch ist, den er für seinen Film gesucht hat.

Marius trifft sich mit Gerhard Schmidt im Büro in Köln, er hört das alles gern, zumal ihm der Filmproduzent und Regisseur sehr sympathisch ist. Und er hat das sichere Gefühl, dass er von ihm lernen kann. Sie einigen sich auf die Zusammenarbeit, die schon gleich beginnen kann.

Der Hauptfigur gibt Schmidt im Drehbuch gleich einen neuen Namen: Sie heißt nun Marius Kaiser. Der Titel des Films ist zugleich der Name der Band im Film: *Harakiri Whoom*. Für die Film-Band heuert Schmidt kurzerhand die Mitglieder von About Five an: Bodo Staiger an der Gitarre, den Engländer Allan Warran am Schlagzeug und den Belgier Patrick Vereet am Bass.

Schon im Sommer finden die Dreharbeiten in Köln statt. Mehrere Tage umgeben von einem Filmteam und von Schaulustigen füttern das Ego der jungen Musiker von About Five und lassen sie ein wenig abheben.

Zum Beispiel, als für die Dreharbeiten eigens ein Beatfestival im Club Weekend in Roisdorf organisiert wird. Über der Bühne prangt in riesigen Buchstaben: *Deutschland sucht die beste Beatband.* Auf der Bühne spielen echte Bands, zwar nicht aus dem ganzen Land, aber aus dem gesamten Rheinland. Das Publikum, das aus jungen Leuten besteht, erlebt ein echtes Konzert. Die Kameras mischen sich unter sie, die Aufnahmen sollen echt sein, gestellt wird hier nichts, so will es Gerhard Schmidt.

Highlight ist der Auftritt von Harakiri Whoom alias About Five. Marius und die Band spielen ihre Songs konzentriert und geübt, sie begeistern das Publikum und auch Gerhard Schmidt. Er hat bekommen, was er wollte, Marius Müller-Westernhagen hat geliefert, was er sollte.

Noch berauscht von diesem Tag und den abgeschlossenen Dreharbeiten, entscheiden Marius und Bodo kurzerhand, ihre Band in Harakiri umzubenennen. »Whoom« lassen sie weg. About Five sind ab sofort Geschichte. Das Schlagzeug mit dem für den Film aufgemalten bunten Schriftzug kassieren sie gleich ein.

Mit dem neuen Namen wirft sich die Band ins Getümmel der Konkurrenz, die aus einer Handvoll anderer Düsseldorfer Bands besteht, die ihrerseits immer besser und professioneller werden. Es geht um Auftrittsmöglichkeiten und um Publikum, das am Wochenende Musik hören und tanzen will. Begünstigt vom frischen Wind der neuen Jugendkultur und der rasanten Ausbreitung der Beatmusik, entstehen in den großen Städten, aber auch in der Provinz Veranstaltungsorte für Live-Beatmusik.

Auch die Erfindung der Schulfeten spielt dabei eine

wichtige Rolle. In den Fünfzigerjahren noch undenkbar, unterstützen in den Sechzigern die jüngeren Lehrer ihre Schüler darin, die Idee einer neuen Musikkultur zu verwirklichen. Bald veranstaltet jede Düsseldorfer Oberschule regelmäßig ihr eigenes Schulfest in der Aula oder auf dem Hof, bei dem Bands auftreten und Schüler feiern. An jedem Wochenende steigt nun ein Fest in einer anderen Schule. Die Bands wiederum rekrutieren sich aus den jeweiligen Schülern und vertreten indirekt auch ihre Schule. Daneben gibt es semiprofessionelle Bands, deren Mitglieder von verschiedenen Seiten zusammenkommen und die über den Radius von Schulfesten hinaus in Stadthallen, Lokalen und Musikclubs auftreten oder bei einmaligen Veranstaltungen wie Kunstausstellungen oder Messen. Sie heißen The Beathovens oder Spirit of Sound oder eben Harakiri.

Marius mag Konkurrenz und Wettkampf, das inspiriert ihn. So werden auch Harakiri immer besser und bekannter. Zwar noch nicht über das Rheinland hinaus, aber in Düsseldorf und Umgebung werden die Konzerte voller, es kommen schon einige Hundert Leute.

Die Gagen bewegen sich dennoch im überschaubaren Rahmen. Manchmal wird auch nur für eine Flasche Martini gespielt. Andere Auftritte wie bei Ausstellungseröffnungen in der Düsseldorfer Kunsthalle dagegen bringen 800 Mark ein, eine Traumgage, die allerdings unter den vier Bandmitgliedern aufgeteilt werden muss. Aber es geht ohnehin nicht ums Geld. Es geht darum zu spielen – weil es guttut, weil es die Elterngeneration provoziert, weil es befreiend ist.

Wie es in dieser Zeit üblich ist, folgt auf eine Stunde Auftritt eine halbe Stunde Pause, um den Getränkeverkauf anzukurbeln. Und so geht es dann die ganze Nacht. Das Repertoire von Harakiri besteht aus den Songs der Bands, die die Mitglieder von Harakiri bewundern und die sie inspirieren, z. B. den Yardbirds, der Spencer Davis Group, den Small Faces, von James Brown, Otis Redding und vielen anderen. Insgesamt sind es über dreißig Songs, die Harakiri an einem Konzertabend spielt (und wenn die Band alle Songs durchhat, fangen sie einfach wieder von vorne an). Zwar improvisieren sie zunehmend, geben den Songs ihre eigene Interpretation, aber selbst Stücke zu komponieren, dazu fehlt ihnen das Selbstbewusstsein. Was für Marius Müller-Westernhagen später einmal zum Lebensinhalt werden wird, ist zu dieser Zeit noch völlig unvorstellbar.

Das gilt auch für Studioaufnahmen. Jemals überhaupt ein Studio zu betreten scheint allen unvorstellbar. Was sollte die Band da auch aufnehmen? Man kann ja nicht eine Platte mit Coversongs herausbringen. So bleibt es für Harakiri einstweilen bei der Livemusik.

Der inzwischen zwanzigjährige Marius Müller-Westernhagen wird nun auch als Sänger bekannter. Dabei wird immer wieder das Erscheinungsbild des auffallend dünnen Mannes erwähnt. »Das lebende Röntgenbild« wird er genannt, eine Zeitung schreibt vom »schmalen Kerl, fast wie ausgetrocknet«. Kein Wunder, bei einer Größe von 1,82 Metern wiegt er gerade mal 54 Kilo. Egal was er tut, egal was er isst, er nimmt kein Gramm zu (allerdings auch kein Gramm ab). Andere würden sich freuen. Marius, der sich sein bisheriges Leben lang wegen seines schmalen Körpers grämte, oft schämte, wird viel später einmal ein satirisches Lied über Dicke und über dürre Heringe schreiben.

Noch immer wohnt er bei seiner Mutter, das Verhältnis zwischen den beiden ist geprägt von einer eigentümlichen Mischung aus gegenseitigem Verantwortungsgefühl einerseits und der gluckenhaften Liebe seiner Mutter andererseits. Es liegt nicht daran, dass die Wohnung zu klein wäre, schließlich ist seine Schwester inzwischen ausgezogen, und Marius und seine Mutter haben die Wohnung für sich allein. Wenn er von Dreharbeiten zurückkehrt, stellt er nicht selten fest, dass seine Mutter sein Zimmer umgeräumt hat und nichts mehr an seinem ursprünglichen Ort ist: die indischen Tücher an der Wand, die große Matratze, die Boxen und der Plattenspieler. Nichts ist vor ihr sicher, alles räumt sie um, selbst seine Klamotten im Schrank haben plötzlich eine neue Ordnung – nur noch die rot lackierte Glühbirne hängt an Ort und Stelle. Von ihm wütend zur Rede gestellt, antwortet sie dann immer dasselbe: Es sei einfach funktionaler und auch ästhetischer so. Mit anderen Worten: Sie weiß besser, was für ihn gut ist. So war es früher, als er ein kleiner Junge war, und so ist es jetzt, und unausgesprochen schwingt schon mit: So wird es immer sein.

18

12. JANUAR 1969, DÜSSELDORF, Rheinhalle, Herrentoilette, 18.50 Uhr. Marius steht in einer Kabine mit beiden Füßen auf der Kloschüssel. Die Tür hat er zugemacht, aber nicht abgeschlossen. Im Ohr hat er noch die Songs von Jimi Hendrix, dessen Konzert gerade zu Ende gegangen ist: *Foxy Lady, Fire, Red House* und *Hey Joe*.

Marius hält die Luft an, als sich die Tür zum großen Toilettenraum öffnet und gemessene Schritte den Raum durchqueren. Der Saaldiener schreitet die Kabinen ab, bückt sich und kontrolliert, dass sich hier keine dieser langhaarigen Gestalten versteckt, die eventuell schon beim ersten Konzert gewesen ist und nun vorhat, sich auch ins zweite zu mogeln.

Marius hatte eine Karte zur Matineevorstellung um 17 Uhr. Nach einer Pause wird Hendrix um 20 Uhr ein zweites Konzert spielen, wie es zu dieser Zeit üblich ist. Marius war von Jimi Hendrix' Auftritt und seiner Musik über alle Maßen begeistert: Eine solche Hingabe und Leidenschaft hat er in seinem Leben noch nie gesehen. Progressiv, innovativ war das Konzert, ein einziger Aufschrei.

Der Saaldiener ist noch da, Marius auf der Kloschüssel rührt sich nicht. Die Schritte entfernen sich, bleiben vorne bei den Waschbecken stehen, vielleicht ein Blick in den Spiegel, dann klappt die große Tür zu.

Eine Weile wartet Marius noch, dann schleicht er sich zurück in den Saal – gerade rechtzeitig, um noch einmal zu erleben, wie Jimi Hendrix mit seinen zwei Musikern auf die Bühne kommt, mit eher verhaltenem Applaus vom Düsseldorfer Publikum empfangen wird und im türkisfarbenen Rüschenhemd vor dem ehrwürdigen blaugrauen Vorhang der Rheinhalle den Song *Spanish Castle Magic* zu performen beginnt. Marius saugt auch bei diesem zweiten Auftritt jedes Detail, jede Bewegung und jede Note in sich auf. Es reißt ihn wieder mit, und nur am Rande bemerkt er, dass wie schon beim ersten Konzert einige Gäste den Saal empört verlassen.

Am nächsten Tag schreibt ein Journalist der Deutschen Presseagentur über die Auftritte: »Der erschreckende Jimi Hendrix, der schwarzhäutige Enkel eines Cherokee-Indianers, schockte gestern in Düsseldorf mit seiner Popshow sein Publikum in der Rheinhalle. Jimi, der wie ein bunter Paradiesvogel auf die Bühne zu stürmen pflegt und dort Hörgewohnheiten und moralische Tabus zerbricht, faszinierte auch hier mit seinen exzentrischen Darbietungen.«

Marius Müller-Westernhagen beginnt Anfang 1969 bei der Film- und Fernsehproduktionsfirma Köper & Schmidt zu jobben. Er hilft überall aus, fährt Filmrollen und Schauspieler durch die Gegend, geht einkaufen und kocht für die Crew Kaffee. Die Jobbezeichnung ist »ZBV« – zur besonderen Verfügung. Doch bald schon werden seine Aufgaben anspruchsvoller. Er hilft im Vorfeld zu Dreharbeiten bei der Organisation und Besetzung, arbeitet als Regieassistent und macht den Ton, lernt Film zu schneiden und springt eine

Zeit lang auch als Produktionsassistent ein. Je mehr er über die verschiedenen Aspekte der Filmarbeit erfährt, umso genauer will er es wissen. Er lernt auf diese Weise die Aufgaben und Bedürfnisse aller an einer Filmproduktion beteiligten Menschen kennen. Wie schon beim Fußball und beim Theater erlebt er, wie alle einzelnen Rädchen die große Sache nur gemeinsam in Bewegung setzen können. Es muss außerdem perfekt koordiniert werden, und dabei ist wiederum das richtige Maß von Flexibilität wichtig: Drehpläne müssen über Nacht geändert und angepasst werden, wenn der Drehort nach einem Rohrbruch unter Wasser steht, eine Filmrolle defekt ist, wenn Aufnahmen verschwunden sind, ein Mikrofon kaputt ist, einem Schauspieler kotzübel ist. Ständig muss reagiert und improvisiert werden.

Marius genießt es geradezu, zur Abwechslung mal nicht wie bisher vor, sondern hinter den Kameras zu wirken. Aber er lässt sich auch auf eine Filmidee von Gerhard Schmidt ein: Es geht um die große Frage unter jungen Männern, wie man an eine Freundin kommt. Marius schreibt an dem Drehbuch mit, und für die zweite Hauptrolle – die Freundin im Film – schlägt er Annette vor.

Eigentlich war sie mit einem anderen zusammen, aber Marius hat sie ihm ausgespannt, und nun ist sie seine erste richtige Freundin. Die beiden haben sich einige Wochen zuvor über gemeinsame Freunde kennengelernt. Annette ist selbstbewusst, mag sich, so, wie sie ist, und ihr gefällt Marius so, wie er ist. Sie schafft es sogar, sich gegen seine sehr eifersüchtige Mutter durchzusetzen, der es darauf ankommt, dass ihr Sohn in erster Linie immer seinen Beruf im Blick hat (und selbstverständlich seine Mutter niemals vergisst).

Der Film heißt *Flirt,* ist 30 Minuten lang und wird ebenso wie der Film *Harakiri Whoom* bei den Kurzfilmtagen in Oberhausen ausgezeichnet.

Am Abend des 20. Juli sitzen Marius und Annette vor dem Fernsehapparat. Um 21.17 Uhr setzt die US-amerikanische Landefähre Eagle auf dem Mond auf. Die beiden vor dem Fernseher in der Heesenstraße gehören zu den 500 Millionen Menschen, die weltweit gebannt dasselbe Live-Programm verfolgen. Stunden später, inzwischen ist es schon fast vier Uhr morgens, und ein Teil der Fernsehzuschauer ist womöglich schon eingeschlafen, steigt der 38-jährige Neil Armstrong eine Leiter hinunter und betritt den Mond. »Ein kleiner Schritt für einen Menschen«, stellt er fest, »aber ein gewaltiger Sprung für die Menschheit.«

Nur vierzig Tage nach der Landung des ersten Menschen auf dem Mond landet umgekehrt am 1. September 1969 am frühen Abend in Massachusetts, außerhalb des kleinen Ortes Sheffield, ein UFO. Eine Kleinfamilie wird in ihrem Auto angehalten und von den Außerirdischen begutachtet. Danach scheint es so, als hätte diese Episode eigentlich nie stattgefunden, und die Familie fährt verwirrt nach Hause. Diese Begegnung wird in den USA als offizielle Sichtung eines UFOs festgehalten.

Im Sommer 1969 findet das Open-Air-Musikfestival in Woodstock statt, wo 400 000 Menschen dreieinhalb Tage lang Musik von 32 Bands und Solomusikern hören. *Love and Peace* ist das Motto, die Veranstaltung auch ein Protest gegen den Vietnamkrieg. Es wird ein unvergessliches, historisches Festival.

Fünf Jahrzehnte später wird Westernhagen als siebzigjähriger arrivierter Musiker dorthin reisen und ein Album aufnehmen. Würde das jemand dem Zwanzigjährigen prophezeien, würde der sich darüber nur kaputtlachen.

*

An einem Abend im Oktober 1969 steht Harakiri auf der Bühne der Aula des Theodor-Fliedner-Gymnasiums in Düsseldorf-Kaiserswerth und beginnt mit ohrenbetäubender Lautstärke zu spielen. Nur der Sänger fehlt. Als die Leute sich langsam wundern, geht hinter ihnen plötzlich die große Saaltür auf. Marius Müller-Westernhagen erscheint in einem riesigen Mantel aus Wolfspelz, der ihm fast bis zu den Füßen reicht. Er schreitet von hinten durch die Menge, erklimmt die Bühne und beginnt seine Show. Den Pelz behält er während des ersten Songs an, danach legt er ihn mit großer Geste ab.

Alles macht Spaß und läuft gut, trotzdem beschleicht Marius das Gefühl, sich im Kreis zu drehen. Sollten sie ewig so weitermachen? Ist es wirklich das, was er will? Kann er damit in Zukunft auch seinen Lebensunterhalt verdienen? Oder wird er am Ende um einen sogenannten seriösen Beruf nicht herumkommen? Eine Horrorvorstellung. Aber was wäre denn eine realistische Alternative? Marius hat keine Ahnung. Das Einzige, was er deutlich spürt, ist, dass er bald eine neue Richtung einschlagen muss. Aber welche?

Marius Müller-Westernhagen, der als Schauspieler inzwischen respektiert wird und als kommender Charakterdarsteller gilt, wird von allen Seiten mit der Frage konfrontiert, was er denn nun eigentlich will – Schauspieler sein oder Musiker? Aber Moment mal: Beides geht nicht? Es kommt nicht nur Marius vor, als dürfe man in Deutschland nicht mehr als ein Talent besitzen.

Nachdem Harakiri im August noch auf der Teenage Fair in der Stadthalle in Düsseldorf gespielt hat, und zwar so laut, dass sich einige Aussteller der Messe beschwerten, ist dieser Auftritt im Gymnasium nun ihr allerletzter. Am Schluss sagt Marius noch was vom »letzten Konzert dieser Band«, was aber im Gejohle untergeht.

Drei Monate bevor er vor dem Gesetz volljährig wird, geht er zwar melancholisch von der Bühne, aber mit dem Gefühl, dass es die richtige Entscheidung ist. Harakiri hatte sich weiterentwickelt, und auch jedes einzelne Mitglied der Gruppe hatte sich verändert. Es gibt verschiedene musikalische Vorstellungen, aber auch die Lebensentwürfe driften auseinander. Nur Bodo und Marius arbeiten weiterhin an ihrer musikalischen Karriere, während Patty sich mehr und mehr auf seine Zukunft als angehender Chirurg fokussieren muss, und Allan verschwindet einfach irgendwann.

Er versucht dann noch mehrmals, eine neue Band zu gründen, tut sich mit verschiedenen Musikern zusammen, aber es funktioniert nicht. Vielleicht, denkt er, ist er dem Konzept und den romantischen Vorstellungen von vier gleichgesinnten Freunden, die zusammen Musik machen, entwachsen.

Am 6. Dezember 1969, dem Nikolaustag, wird Marius 21 Jahre alt. Endlich volljährig, sagen seine Freunde. Aber er ist nicht besonders gut drauf.

Er schaut in den Spiegel, sieht sich selbst in die Augen, und er gesteht sich ein: Das war's. Du hast es nicht geschafft.

19

MARIUS TRÄGT EINEN HUT MIT BREITER KREMPE, Lederjacke und eine Sonnenbrille mit kleinen, runden, grünen Gläsern. Er wirkt, als würde er die Aufmerksamkeit, die er im Park bei den anderen Spaziergängern erregt, kaum wahrnehmen. Er geht schnell und macht große Schritte.

»Das kommt vom Training«, sagt er. »Ich gehe und trage dabei Gewichte, auch auf Zehenspitzen. Ich muss mich schon immer sportlich betätigen, weil ich mich sonst einfach nicht wohlfühle. Ich habe lange Zeit alleine trainiert, wozu ich keine Aufforderung brauchte, aber seit zwei Jahren arbeite ich zu Hause mit einem Trainer zusammen. Es ist erstaunlich, wie die Trainingslehre sich weiterentwickelt hat, mein Trainer sagt: ›Wenn du die Beine trainierst, hat das Auswirkungen auf den gesamten Körper, und pusht außerdem die Hormone.‹«

Wir kommen an einem Spielplatz vorbei, wo Kinder an Geräten herumturnen, und Marius sagt, wenn er hier langgehe, falle ihm immer wieder auf, dass manche Kinder keinerlei Koordination besitzen. Viele könnten nicht einmal auf einem Bein stehen.

Er kommt auf die Zeit seiner frühen Kindheit zu sprechen, als er mit den Eltern und seiner Schwester noch in einem Dorf nahe Düsseldorf gewohnt hat, in einem Haus mit großem Garten, und mit Enten, Gänsen und Hühnern. »Denen hat meine Mutter zu Weihnachten den Hals umgedreht«, erinnert er sich. »Schlachten, ausnehmen, verpacken hat sie, wie die meisten Frauen in ihrem Alter, im sogenannten Landjahr gelernt.«

»Hast du ihr dabei geholfen?«

»Nein, das könnte ich nicht, um Gottes willen, ich kann keine Tiere töten!«

Seine Mutter tütete alles fein säuberlich ein und schrieb die Preise auf die Pakete, damit ihr Mann sie am Theater an seine Kollegen verkaufen konnte. »Und was machte der?« Marius lacht. »Wie er eben so war, hat er sie alle verschenkt.«

Wir gehen unter alten Bäumen entlang, auf der Wiese nebenan spielen Jugendliche Frisbee. Wir sprechen darüber, wie und wo seine Eltern sich kennengelernt haben. »Das war während des Krieges in einem Fronttheater«, erzählt Marius, die Legende gehe folgendermaßen: Sein Vater spielte im Stück *Marius et Fanny* von Marcel Pagnol, seine Mutter saß im Publikum. »Nach einigen Wochen des Kennenlernens fragte meine Mutter meinen Vater bei einem Spaziergang, wohin sie denn gingen, und seine Antwort war: Wir gehen jetzt mal ein bisschen heiraten. So hat meine Mutter es jedenfalls später immer erzählt. Und ich erhielt meinen Namen nach dem Titelhelden aus Pagnols Theaterstück – Marius.«

»Haben deine Eltern sich geliebt?«

»Sie haben sich sehr geliebt, aber wie so viele Paare passten sie eigentlich nicht zusammen. Meine Mutter aus einer Potsdamer Offiziersfamilie, streng erzogen und hoch diszipliniert, mein Vater ein Freigeist, passionierter Künstler und obendrein noch Rheinländer; im Krieg schwer verletzt und seelisch gebrochen, ohne Kraft, aber auch von hoher Spiritualität.«

Wir verlassen den Park, und Marius sagt: »Ich glaube, sie hat seine Verzweiflung einfach nicht nachvollziehen können, den Kampf, den er nach dem Krieg immer noch ausgefochten hat, mit allem, was er da erlebt und worüber er nie gesprochen hat. Aus heutiger Sicht ganz klar ein Kriegstrauma.«

An der Ampel bleiben wir stehen. »Ich habe meinen Vater abgöttisch geliebt«, sagt Marius, »und war richtig sauer, als er sich so früh verabschiedet hat. Ich war geradezu beleidigt.« Er lacht kurz auf. »Ich hätte ihn aber besonders gebraucht in der Zeit, wenn man vom Jungen zum Mann wird. Ich war stattdessen gezwungen, ganz schnell erwachsen zu werden, wie ein Erwachsener zu denken, Entscheidungen zu treffen.«

Wir überqueren die Straße, und auf dem Asphalt sind seine Stiefelabsätze zu hören. Tok, tok, tok.

Er schaut sich aufmerksam um, die Gründerzeithäuser, die kleinen Geschäfte, die wenigen Passanten.

»Nach seinem Tod habe ich meinen Vater noch lange gespürt«, sagt er. »Es hat gedauert, bis er wirklich Vergangenheit wurde. Es stirbt ja nur die Hülle, Energie stirbt nicht.«

»Was hast du Entscheidendes von deinem Vater gelernt?«

Er überlegt. »Er hat mir einen moralischen Kompass mitgegeben, Prinzipien und Werte. Ich habe eine ziemlich genaue Vorstellung von dem, was man tun muss und was man nicht tun darf. Er hat mir gezeigt, was Demut, Bescheidenheit und Dankbarkeit bedeuten.«

Von der anderen Straßenseite winken eine Frau und ein Mann herüber, die Marius Müller-Westernhagen offenbar erkannt haben. Er winkt zurück und geht zielstrebig weiter, bis wir vor einem Schaufenster stehen bleiben.

»Das ist ein sehr schöner Stoff«, sagt er. Marius berührt mit der Nase fast die Scheibe. »Ich suche etwas für einen Bettüberwurf. Und er ist sogar runtergesetzt. Sollen wir mal kurz reingehen?«

Als sich die Ladentür hinter uns schließt, ist es plötzlich ganz still. Wir sind die einzigen Kunden.

»Hallo!«, ruft Marius laut, aber es kommt keine Antwort.

Wir schlendern von Möbelstück zu Möbelstück und entdecken plötzlich einen Mann in einem anderen Raum, der leise telefoniert. Er richtet sich auf und ruft, ob er helfen könne.

»Was kostet der Laufmeter von dem Stoff im Fenster?«, fragt Marius.

Der Verkäufer beendet sein Telefongespräch, steht auf, geht an uns vorbei zum Fenster, sucht das Schild und antwortet: »Einhundertunddreißig.«

»Ist das schon der reduzierte Preis?«, fragt Marius.

»Nein«, erklärt der Verkäufer, »das ist der reguläre Preis. Dieser Stoff ist nicht im Sale.«

Marius nimmt den Stoff in seine Hände, um das Muster zu begutachten. »Schöne Qualität, aber man müsste ihn definitiv noch unterfüttern. Für einen Überwurf ist er zu dünn.«

»Reine Baumwolle«, erklärt der Verkäufer.

»Wie viel ist der in der Breite? Eins vierzig?«

Der Verkäufer nickt. »Eins vierzig kommt hin.«

Als wir wieder draußen sind und weitergehen, berichtet Marius, dass neulich ein Innenarchitekt bei ihm zu Hause war und ihm einen Stoff für eine Tagesdecke angeboten habe. Der Stoff hätte mit Nähen und allem Drum und Dran dreitausend Euro gekostet.

»Bei aller Liebe!«, sagt Marius und schüttelt entgeistert den Kopf. »Da suche ich mir doch lieber selber einen passenden Stoff und eine Schneiderin dazu und spare mir die Prozente, die heutzutage die Innenarchitekten noch obendrauf rechnen.«

20

OKTOBER 1969. Das erste Mal seit dem Krieg scheint die bundesrepublikanische Gesellschaft bereit zu sein für echte Veränderungen. Eine neue sozialliberale Koalition hat die Regierung übernommen, und nach zwanzig Jahren und drei CDU-Kanzlern stellen die Sozialdemokraten mit Willy Brandt zum ersten Mal den Regierungschef. Der ehemalige regierende Bürgermeister von Berlin, zuletzt Außenminister und Vizekanzler der Großen Koalition, verkörpert wie niemand sonst in der Politik den Aufbruch in eine sozialere und demokratischere Gesellschaft. »Wir wollen mehr Demokratie wagen!«, proklamiert der neue Kanzler am 28. Oktober 1969 in seiner ersten Regierungserklärung.

Ein anderes Thema, das die Menschen beschäftigt, ist die »Neue Ostpolitik«, der sich die sozialliberale Koalition verschrieben hat, eine Politik, die sich die Annäherung und Aussöhnung mit den ehemaligen feindlichen Staaten östlich von Oder und Neiße zum Ziel gesetzt hat. Auch hierfür steht Willy Brandt. Diese Politik berührt auch die Frage nach dem wahren Ausmaß der deutschen Schuld im Zweiten Weltkrieg und den Umgang mit den ehemals deutschen Ostgebieten.

In der bundesrepublikanischen Gesellschaft wird endlich quer durch die Generationen kontrovers und scharf diskutiert. Für die meisten Angehörigen der ganz jungen und der ganz alten Generation ist die Sache eindeutig: Sie ist mehrheitlich für die Neue Ostpolitik, die dazu führt, dass der Kanzler Willy Brandt am 12. August 1970 in Moskau den Vertrag mit der Sowjetunion über Gewaltverzicht und Zusammenarbeit und die Anerkennung der in Europa bestehenden Grenzen unterschreibt und am 7. Dezember desselben Jahres in Warschau den Warschauer Vertrag mit Polen zur Normalisierung der Beziehungen zwischen der Volksrepublik und der Bundesrepublik. Am selben Tag besucht Willy Brandt das Ehrenmal für die Toten des Warschauer Gettos, und es passiert etwas Unvorstellbares: Der deutsche Kanzler fällt vor dem Denkmal auf die Knie, was weltweit als politisch-moralischer Versuch gewürdigt wird, sich ein Vierteljahrhundert nach dem Ende des Zweiten Weltkrieges mit der deutschen Verantwortung für die begangenen Verbrechen auseinanderzusetzen. Die Geste kommt zwar spät und doch in ihrer Spontaneität rechtzeitig, um dem Bild, das die Welt von den Deutschen hat, einen neuen Aspekt zu verleihen. Es ist eine Geste, die aber gleichzeitig auch die Deutschen an ihre Verantwortung und ihre Möglichkeiten erinnert. Das bleibt im Land nicht unbemerkt.

Die Gegner von Brandts Politik fürchten, dass der Bundeskanzler mit dieser Haltung und mit seiner Neuen Ostpolitik den Weg zur deutschen Wiedervereinigung verbaut und die Teilung zementiert. Der Vorwurf von Verrat steht im Raum. Immerhin strahlen die Zeichen der neuen Zeit nun auch allabendlich in die deutschen Wohnzimmer, wenn um zwanzig Uhr die Tagesschau-Fanfare ertönt, die Nachrichten in Farbe daherkommen und die Wetterkarte ein

Europa ohne Grenzen zeigt statt, wie bisher, das Deutsche Reich in den Grenzen von 1937.

Die Auseinandersetzung mit der deutschen Vergangenheit und der deutschen Schuld, die mit der Rebellion der Studenten in der zweiten Hälfte der Sechzigerjahre Fahrt aufnahm, hat nun weite Teile der Gesellschaft erfasst. Auch Marius ist ein glühender Fan von Willy Brandt, bildet sich Meinungen, identifiziert Gegenmeinungen und regt Diskussionen im Freundes- und Arbeitsumfeld an. Es ist ein neues Lebensgefühl. Willy Brandt ist der erste Kanzler, der die Jugend in seine Politik mit einbezieht, sie ernst nimmt, und sie damit motiviert, sich politisch zu engagieren.

Marius startet optimistisch ins neue Jahrzehnt. Die Arbeit bei Köper & Schmidt macht ihm Spaß. Er ist inzwischen nicht nur Aufnahmeleiter, Produktions-, Ton- und Kameraassistent, er sitzt nun auch öfter mit am Tisch, wenn die Texte für die TV-Sendung *Express* geschrieben werden, ein satirisches Unterhaltungsmagazin mit Musik. Die Show wurde von Hans Hermann Köper und Gerhard Schmidt erfunden, läuft seit 1968 erfolgreich im ZDF (und wird wenig später mit dem Grimme-Preis ausgezeichnet). Marius gehört schon bald zum festen Autorenteam. Nebenbei beginnt er journalistische Texte für die Jugendzeitschriften *Underground* und *twen* zu verfassen. Das Schreiben, merkt er, liegt ihm – ihm, der einst die Schule abgebrochen, der kein Abitur gemacht und nicht studiert hat. Denn es gibt eine Sprache jenseits der Regeln der Literatur oder des Journalismus, die manchmal sogar treffender beschreiben kann.

Er genießt die Freiheit, sich unmittelbar auszudrücken. Er muss keine Rolle spielen – jedenfalls keine, die ihm andere in ihrem Drehbuch vorschreiben. Und er muss sich nicht entscheiden, ob er lieber Musiker oder Schauspieler sein möchte, weil er gerade weder das eine noch das andere ist.

In London tritt am 10. April Paul McCartney erstmals ohne seine Bandkollegen vor die Presse und gibt die offizielle Trennung der Beatles bekannt. Für Marius Müller-Westernhagen und viele andere seiner Generation gehören die Beatles ganz selbstverständlich zum Leben wie Atmen, Essen und Trinken. Die Nachricht vom Ende der Beatles schlägt überall auf der Welt ein wie eine Bombe.

Auch wenn er mit seinen Jobs voll beschäftigt ist, lässt ihn die Musik nie los. Dafür ist sein Interesse an den musikalischen Entwicklungen dieser Zeit viel zu groß. Wo sich die Gesellschaft im Umbruch befindet, entstehen größere Risse und kleine Nischen, die Platz für Neues und für Experimente geben, auch in der Musik.

An einem Wochenende im Sommer 1970 treffen sich Marius und Bodo nach mehreren Monaten, in denen sie sich nicht gesehen und auch nichts voneinander gehört haben, in Düsseldorf und erzählen sich, wie es in ihrem Leben nach der Auflösung ihrer Band Harakiri weitergegangen ist. Bodo interessiert sich inzwischen verstärkt für experimentelle, psychedelische Musik, hat mit seinem neuen Mitbewohner Karl Bartos, der Schlagzeug spielt, und mit einem Bassisten eine Band gegründet, die sich Sinus nennt. Er fragt, ob Marius Lust hätte, als Sänger mitzumachen.

Kurz darauf lernt er die Jungs kennen. Sie verabreden sich in einem Übungsraum der Düsseldorfer Ingenieursschule zum Jammen, improvisieren Stücke, die zwanzig

Minuten oder länger dauern. Dabei sind sie mehr oder weniger zugekifft, wobei Marius immer für sich darauf achtet, dass er nie komplett die Kontrolle verliert. Eines Tages nehmen sie auf einem Kassettenrekorder im Übungsraum ein Demotape auf: Ein Stück, das zwanzig Minuten lang ist und mit einem Rauschen beginnt, das nach sprudelndem Wasser klingt – und genau das ist es auch: Marius hatte die Idee, in der Herrentoilette am Ende des Flurs mit dem Rekorder das Rauschen von Wasser aufzunehmen.

Zeitgleich arbeitet wenige Straßen weiter eine andere Düsseldorfer Band ebenfalls an ihrem ersten Album, das sie so nennen wie sich selbst und mit dem sie weltweit die Entwicklung der elektronischen Musik maßgeblich beeinflussen werden: Kraftwerk. Produzent ist der bisher nur Insidern bekannte Toningenieur Conny Plank, der mit seinem gewaltigen Bartwuchs an einen Wikinger erinnert.

Bodo läuft dem Mann zufällig in den Räumen der Ingenieurschule über den Weg, lernt ihn kennen und erfährt, dass Conny Plank auch regelmäßig in Köln-Godorf im Rhenus Studio arbeitet, wo tagsüber – unter anderem – Schlagermusik produziert wird. In den Nächten, wenn das Studio leer steht, arbeitet Plank dort immer wieder mit befreundeten Künstlern.

Eines Nachts im August laden die Bandmitglieder von Sinus ihre Instrumente in Marius' BMW, lassen einen Joint herumgehen und fahren mit offenen Fenstern über die A57 von Düsseldorf nach Köln-Godorf, euphorisiert vom Gras, vor allem aber vom Gedanken, erstmals in einem Tonstudio eigene Musik aufzunehmen.

Von Mitternacht bis in die frühen Morgenstunden stehen

sie im Aufnahmeraum und spielen ihre endlos langen psychedelischen Stücke, während am Mischpult der Wikinger die Tonregler schiebt, der in wenigen Jahren als Produzent und Klangkünstler von Kraftwerk Weltruhm erlangen und mit internationalen Superstars wie Ultravox, Eurythmics oder Brian Eno arbeiten wird.

Mit dem Ergebnis ihrer Arbeit sind in dieser Nacht alle ganz zufrieden. Die Nüchternheit kehrt erst zurück, als mit dem Rausch auch die Nacht verflogen ist und der neue Tag erwacht. Am Ende wird die Session eine interessante Erfahrung auf dem Weg zur echten Musikerkarriere bleiben, die neben Marius Müller-Westernhagen später auch Bodo Staiger und Karl Bartos machen. So gründet Bodo die Band Rheingold und landet neben *Dreiklangs-Dimensionen* noch weitere Hits, Karl steigt bei Kraftwerk ein und schreibt an mehreren Songs mit, zum Beispiel dem internationalen Erfolg *Das Model*. Aber im Sommer 1970 kennt sie noch keiner, und sie müssen sich mit Brotjobs finanziell über Wasser halten.

Wegen des Geldes, aber auch um den Kontakt zur Schauspielerei zu pflegen, muss Marius nach München, um sich persönlich bei einer Agentur vorzustellen und seine Mappe abzugeben. Als er gepackt hat und gerade losfahren will, stellt er fest, dass sein BMW wieder mal streikt. Kurzentschlossen bittet er Karl Bartos, ihn mit seinem Auto hinzufahren, und stellt eine interessante Übernachtungsmöglichkeit in einer Kommune in München-Schwabing in Aussicht. Den Kontakt und die Adresse hat er von Gerhard Schmidt.

Karls Auto ist eine Ente. Mit ihr dauert die Fahrt fast doppelt so lang, wie sie mit dem BMW gedauert hätte. Zweimal tauschen Karl und Marius unterwegs die Plätze. In München angekommen, fallen sie bei Uschi Obermaier und Rainer Langhans auf die Matratze, ein Abend mit langen Gesprächen – ohne besondere Erlebnisse. Am nächsten Morgen gibt Marius seine Mappe bei der Agentur ab, und anschließend geht es zurück nach Düsseldorf und Köln, wo schon wieder die Arbeit ruft.

Kurz darauf bekommt er erstmals das Angebot für eine Rolle in einem Kinofilm. Es handelt sich um ein sogenanntes Filmlustspiel mit Bill Ramsey, Dieter Thomas Heck und Trude Herr. Titel: *Hurra, bei uns geht's rund!* Das klingt schon bedenklich. Marius Müller-Westernhagen soll den Eddy spielen, den Assistenten des verrückten Onkel Mike, gespielt von Bill Ramsey, und beide haben laut Drehbuch nur Unfug im Kopf. Die Gage, die angeboten wird, ist für die damalige Zeit allerdings beachtlich.

Marius ist sich unsicher, ob er bei einem solchen Klamauk wirklich mitmachen soll. Sein Bauchgefühl sagt: Tu es nicht. Aber der Produktionsleiter bei Köper & Schmidt, den er um Rat fragt, meint, er solle das Geld doch unbedingt mitnehmen.

Er nimmt die Rolle an, steckt das Geld ein – und bereut seine Entscheidung schon während der ersten Dreharbeiten. Bei der Premiere am 20. August 1971 in Köln sitzt er mit den anderen Hauptdarstellern, dem Regisseur und den Produzenten in der vordersten Reihe, seine Musikerfreunde und Arbeitskollegen vom Satiremagazin sind irgendwo hinter ihm im Publikum. Wenige Minuten nachdem der Film angelaufen ist, beginnt Marius zu schwitzen. Von Minute zu Minute rutscht er immer tiefer in seinen Kinosessel. Die

Szenen, in denen er auftritt, sind ihm noch peinlicher, als er erwartet hatte. Er zieht das Jackett aus, lockert die Krawatte.

Es wird eine lange quälende Zeit im Kinosaal. Danach schwört er sich, sich niemals mehr für etwas herzugeben, von dem er künstlerisch nicht überzeugt ist.

DROGEN

In meinen Teenagerjahren habe ich, auch um dazuzugehören, Haschisch und Gras mitgeraucht. Arbeiten konnte ich damit nicht. Es macht mich nur phlegmatisch. Ich erinnere mich, einmal vollgedröhnt auf der Bühne gestanden zu haben, die Band wiederholte immer wieder das Intro und wartete verzweifelt darauf, dass ich endlich anfange zu singen. Ich hielt das in meinem bekifften Kopf aber für vollkommen überflüssig. Ich war glücklich und zufrieden mit dem, was ich hörte.

Und härtere Drogen?

Davor hatte ich immer einen gehörigen Respekt. Ich mag es nicht, komplett die Kontrolle zu verlieren. Das gilt auch für diese Kopfschusssaufereien. Ich möchte mich am nächsten Tag daran erinnern können, was ich gesagt und getan habe. Ich kannte es ja von meinem Vater, der Alkoholiker war, und auch bei Musikern habe ich die Auswirkungen von extremem Drogenmissbrauch miterleben müssen. Das hat mich vielleicht davor bewahrt, ein exzessives Leben zu führen.

Du hast mal was von LSD erzählt.

Als ich achtzehn Jahre alt war, hat mir jemand unbemerkt einen Trip in den Tee getan. Als ich später mit dem Auto nach Hause fuhr, hatte ich Mühe, den Wagen auf der Straße zu halten. Ich hatte das Gefühl, er würde von der Straße abheben wie ein Flugzeug. Ich bog in die Straße ein, in der ich wohnte, und die Häuser schienen wie in einem Disney-Film Gesichter zu haben. Sie beugten sich zu mir herunter, um mit mir zu reden. Bis dahin war das ja alles noch lustig. Als ich dann aber später zu Hause in den Badezimmerspiegel blickte und statt meines Spiegelbilds mich als Säugling sah, der dann alterte und alterte bis hin zum Greis, bis letztendlich gar niemand mehr zu sehen war, befand ich mich auf einem ausgewachsenen Horrortrip. Ich erfuhr Ängste, die ich noch nie gespürt hatte.

Du hast ja damals noch bei deiner Mutter gelebt, hat sie das mitbekommen?

Nein, die konnte ich natürlich nicht wecken. Was hätte ich auch sagen sollen? Mutter, ich bin auf 'nem Trip? In meiner Panik versuchte ich meine damalige Freundin zu erreichen, die nicht antwortete und offenbar schon schlief. Ich war auf mich allein gestellt. Ich kroch in mein Bett und wiederholte immer wieder wie ein Mantra: Es ist nur die Droge, es ist nur die Droge. Ich kam auf die nicht unbedingt intelligente Idee, von hundert rückwärts bis null herunterzuzählen, und wenn ich dann noch leben würde, wäre alles okay. Absurderweise starben in meinem Wahn zuerst die Füße und dann, nach und nach, ganz langsam bis hoch zum Kopf alles andere. Ich war tot, anscheinend aber doch nicht. Ich beruhigte mich etwas. Ich sah, wie sich alle meine Vorstellungen und Sichtweisen vom Leben, inklusive meiner Träume und Wünsche, zu einem Südstaaten-Farmhaus materialisierten, um dann zu kollabieren. Es war faszinierend. Ich sah das Blut in meinen Adern fließen, und ich konnte meinen Herzschlag wie eine Bassdrum kontrollieren.

Blieb es bei diesem einen Mal?

Ja, aber ich muss alles in allem sagen, ich habe in diesen acht Stunden mehr gelernt und für mich fundamentale Erkenntnisse gewinnen dürfen als jemals zuvor. Ich wünschte mir, dass jeder Mensch sich einmal in seinem Leben auf diese Reise begeben würde. Das aber natürlich nicht unfreiwillig und unter ärztlicher Aufsicht. Für mich war es definitiv bewusstseinserweiternd und prägend.

21

KÖLN, IM FRÜHJAHR 1972. Während der Produktionszeiten von *Express* wohnt Marius im Hotel Schwan an der Dürener Straße, wo es pro Etage nur ein Bad gibt. Manchmal steht er morgens im Bademantel im Flur vor der verschlossenen Tür und wartet darauf, dass sein Vorgänger mit dem Duschen fertig ist. Im Frühstücksraum läuft jeden Morgen das Radio. Nicht zum ersten Mal hört Marius hier den neuen Song von den Wings, der Band von Paul McCartney und dessen Frau Linda: *Give Ireland Back To The Irish*.

Den hoch komplizierten Konflikt zwischen England und Irland auf eine solche Textzeile herunterzubrechen kommt Marius politisch naiv vor. Er schlägt seinen Chefs Hans Hermann Köper und Gerhard Schmidt in der Produktionsfirma vor, basierend auf dem Song der Wings eine Persiflage für ihre Show *Express* zu produzieren.

Schon am nächsten Tag schreiben die drei Männer einen satirischen deutschen Text für den Song *Give Ireland Back To The Irish: Gebt Bayern zurück an die Bayern.*

> Gebt Bayern zurück an die Bayern
> Mit Radi und Musi und Kraut
> Gebt Bayern zurück an die Bayern
> Sonst ist bald ganz Deutschland versaut

Franz Josef, Superbayer,
Hilf uns doch aus unserer Not
Du als König, das wär das Höchste
Für dich gehn wir in den Tod

Weißt du noch, vor hundert Jahren
Als Bayern noch Freistaat war
Da wehten noch blau-weiße Fahnen
Aber heute, jeder weiß das
Ist mit Bayern nichts mehr los

Gebt Bayern zurück an die Bayern
Mit Radi und Musi und Kraut
Gebt Bayern zurück an die Bayern
Sonst ist bald ganz Deutschland versaut

Jeder redet heut von Freiheit
Drum lasst Bayern doch in Ruh
Auch die Bayern sind doch Menschen
Fast genau wie ich und du

Stellt Euch vor, wie ohne Bayern
Deutschland schön und friedlich wär
Darum lasst uns alle feiern
Alle Bayern raus aus Deutschland
Dann sind wir sie endlich los

Marius ruft einige Musiker nach Köln, darunter auch seinen Kumpel Bodo Staiger, um den Song im Studio aufzunehmen. Am Schlagzeug sitzt Wolfgang Flür, später ebenfalls ein Mitglied von Kraftwerk, und nach ein paar Stunden ist der Song aufgenommen und wird bereits wenige Wochen später von der in München angesiedelten Plattenfirma Liberty/United Artists Records als Single herausgebracht – Marius Müller-Westernhagens erste Single auf dem deutschen Plattenmarkt.

Am 6. Juli 1972 tritt er für *Express* mit diesem Song in Düsseldorf im legendären Club Creamcheese auf. Noch während der Ausstrahlung klingeln beim ZDF in Mainz die Telefone: Wie kann es sein, dass da ein dürrer Hering aus dem Rheinland die Bayern und den bayrischen Freistaat verunglimpft und lächerlich macht?

In den nächsten Tagen folgen Hunderte Anrufe beim Sender und in der Kölner Produktionsfirma, sogar eine Bombendrohung und eine Morddrohung trudeln ein, böse Artikel erscheinen in den überregionalen deutschen Tageszeitungen, und die Protestwellen aus dem Süden schlagen in Mainz und Köln höher, als es jedes Hochwasser des Rheins je geschafft hat.

Die Plattenfirma nimmt die kleine Single mit der großen Wirkung von einem Tag auf den anderen vom Markt. Marius ist wieder ein Musiker ohne eigene Platte, aber der Skandal hat ihm eine unerwartet große Aufmerksamkeit beschert. Erstmals wird Marius Müller-Westernhagen über das Rheinland hinaus als Sänger bekannt, und man hört und liest nicht nur in Bayern, sondern bis hinauf in den hohen Norden von diesem jungen Mann aus Düsseldorf.

Zwei Wochen später, am 18. Juli 1972, einem Dienstag, arbeitet Marius zur Mittagszeit im Schneideraum der Produktionsfirma Köper & Schmidt in Köln, als auf dem Tisch das Telefon klingelt. Jemand von der Plattenfirma United Artists ist dran und fragt, ob er um 19 Uhr in München beim Circus Krone erscheinen könne, wo Paul McCartney mit den Wings am Abend ein Konzert gibt. Vorher soll es ein sogenanntes Meet-and-Greet mit Paul McCartney und seiner Frau Linda geben. Bei der Gelegenheit könne Marius ihm die Single von *Gebt Bayern zurück an die Bayern* überreichen.

Marius bleibt das Herz stehen. Er schaut auf die Uhr. Von Köln nach München sind es fast 600 Kilometer. Es ist knapp, aber nicht unmöglich. Er sagt zu, lässt alles stehen und liegen, schnappt sich ein Exemplar der Single und sein Jackett, springt in seinen BMW und rast mit Vollgas nach München.

Kurz vor 19 Uhr ist er am Circus Krone. Die Sicherheitsleute lassen ihn passieren, dann steht er in dunklem Jackett und T-Shirt vor der Garderobentür und hat feuchte Hände. Paul McCartney ist eine historische Figur, für Marius ein Idol, nur eine Stufe unter Gott.

Er wird eingelassen und gibt dem Idol die Hand – und allen anderen Musikern auch, die in der Garderobe herumhängen und denen er von Linda McCartney höflich, einem nach dem anderen, vorgestellt wird. Die Atmosphäre ist entspannt und freundlich, und die Musiker aus England vermitteln dem Sänger aus Düsseldorf mit seiner ersten Single unterm Arm, er wäre einer von ihnen.

Wie abgesprochen übergibt er Paul McCartney seine Single, was von einem Fotografen festgehalten wird. Paul bedankt sich und sagt Marius, er solle nicht so nervös sein. Viele Jahre später werden die beiden sich noch einmal begegnen, und Marius wird erfahren, dass McCartney die Scheibe tatsächlich aufgehoben hat.

Bevor der Engländer bei seinem Konzert im Circus Krone, wo er fast auf den Tag genau sechs Jahre zuvor mit den Beatles aufgetreten ist, den Song *Give Ireland Back To The Irish* anstimmt, sagt er auf Englisch, dass es eine deutsche Version dieses Songs gäbe und so ja jedes Land seine Probleme hätte.

Das Publikum pfeift, und die Musiker schauen sich verwundert an.

22

DIE KNEIPEN DER KÖLNER ALTSTADT und auch Walter Bockmayers Theaterkneipe Filmdose sind die Treffpunkte für die Kreativen der Film-, Theater- und Fernsehbranche. Hier laufen sich Autoren, Kameramänner, technische Leiter und Macher über den Weg, die das deutsche Fernsehen als Spielwiese für ihre Ideen nutzen. Einer von ihnen ist Rolf Spinrads, der Erfinder progressiver Fernsehformate wie *Plattenküche,* später *Bananas* oder *Känguru,* in denen Auftritte von Bands und Slapstick zusammengerührt werden, ein Fernsehmacher mit besten Kontakten zum holländischen Fernsehen, wo die progressivsten neuen Formate entstehen.

Außerdem ist er, wie Marius, ein Düsseldorfer, der zudem ebenfalls aufs Humboldt-Gymnasium gegangen ist (aber sechs Klassen über ihm). Rolf Spinrads glaubt, Marius Müller-Westernhagen habe viel Potenzial und könne für eine neue TV-Show eine interessante Ergänzung zu Udo und Otto sein, zwei junge Männer, die er kürzlich in Hamburg kennengelernt hat. Alle drei seien auf ihre Art talentiert, und weil sie noch ziemlich unbekannt sind, wäre damit schon der Ausgangspunkt für eine neue Show gefunden: so tun, als wären die drei Jungs Megastars und weltberühmt. Spinrads schlägt vor, Marius, Udo und Otto sollten sich mal kennenlernen, sich mit ein paar Autoren zusammensetzen und herumspinnen, und dann sehe man weiter.

Marius, der für die Sendung *Express* mittlerweile nicht mehr nur als Autor hinter der Kamera arbeitet, sondern für Sketche auch vor der Kamera steht, ist einverstanden, und kurz darauf reisen der 26-jährige Udo Lindenberg und der 24-jährige Otto Waalkes aus Hamburg an, um mit Marius Müller-Westernhagen zusammen zu überlegen, wie so eine Fernsehshow aussehen könnte.

Sie treffen sich ein paarmal, aber es kommt nicht richtig was zustande, womit sie alle drei gleichermaßen zufrieden sind. Während Udo sich als Erster wieder verabschiedet, versuchen Marius und Otto noch eine Weile allein, die Show auf die Beine zu stellen, aber letztlich kommen auch sie nicht zusammen.

Obwohl das gemeinsame Projekt der drei Talente geplatzt ist, markiert die Begegnung den Beginn einer freundschaftlichen Beziehung, die in Zukunft stark von gegenseitiger künstlerischer Wertschätzung geprägt ist und ein Leben lang halten wird. Bald schon werden die drei sich wiedersehen.

*

Am 12. November 1972 gibt Marius Müller-Westernhagen, der das politische Geschehen mit großer Leidenschaft verfolgt, kurz vor seinem 24. Geburtstag, erstmals seine Stimme für den deutschen Bundestag ab. Zum ersten Mal dürfen mit Millionen anderer Bundesbürger auch die 18-jährigen an die Wahlurne für die Bundestagswahl treten.

Nachdem Willy Brandt ein Misstrauensvotum überstanden hat und Neuwahlen angesetzt wurden, ist dieser Sonntag auch eine Abstimmung über die Neue Ostpolitik. Die Wahlbeteiligung ist mit 91,1 Prozent so hoch wie noch nie. »Willy wählen!«, so lautet der Slogan. Auch Marius ist vom Wahlkampf elektrisiert und trägt den entsprechenden Button. Brandt gewinnt die Wahl und wird in seinem Amt und seiner Politik vom Volk bestätigt. Deutschland hat sich nun auch spürbar verändert.

Der ZDF-*Express* beendet 1973 seine Fahrt. Trotz anhaltenden Erfolgs hören die Macher auf. Erfolg allein ist für Köper und Schmidt kein Grund, ein Projekt am Leben zu erhalten. Marius hört genau zu und wird es sich merken, auch wenn er bedauert, dass die inspirierende Zeit vorbei ist. Er muss sich überlegen, wie es für ihn weitergeht.

Es ist ein Bekannter aus der Musikbranche, der ihm in dieser Situation einen Vorschlag macht und ihn nach Hamburg einlädt. Conny Plank sagt, Marius könne jederzeit bei ihm in der WG pennen, in der auch Otto und Udo oft wohnen.

Die Künstler-WG in Hamburg, »Villa Kunterbunt« getauft, ist eine Villa nahe der Alster, am Rondeel 29. Dort leben zwölf bis vierzehn Künstler und Journalisten, nächtlicher Besuch nicht mitgerechnet. Am großen Tisch wird in unterschiedlichen Besetzungen und Konstellationen zu jeder Tages- und Nachtzeit gefrühstückt oder zu Abend gegessen, geraucht und getrunken, Texte und Songs werden entwickelt, geschrieben und wieder verworfen, Bands gegründet und wieder aufgelöst – alles getragen vom schönen Gefühl, dass hier gerade etwas Großes entsteht.

Marius ist der Neue, der bei seinen nun regelmäßigen Besuchen in der Hansestadt in der Villa Kunterbunt da schläft, wo gerade ein Bett frei ist, weil der Bewohner verreist ist, notfalls schläft er auch mal mit jemandem in einem Bett. Wenn gar nichts frei ist, übernachtet er oben in der Dachkammer, auf einer alten Matratze zwischen den Zeitungen, die dort gestapelt sind.

Mit Udo geht der Nichtschwimmer nachts auf der Alster rudern und diskutiert mit ihm über Rockmusik und deutsche Texte und darüber, ob und wie man beides miteinander in Einklang bringen kann. Marius teilt mit ihm seine Erfahrungen als Schauspieler und Schreiber satirischer Texte. Udo versprüht Zuversicht und Optimismus – nicht nur was das Ruderboot betrifft, in dem beide sitzen und das seiner Meinung nach ganz sicher nicht kentern oder untergehen wird (»Keine Angst, ich bin Kapitän«), sondern auch grundsätzlich – in Bezug auf die Zukunft und was alles möglich ist.

Mit Otto zieht Marius auf seinen blauen Plateauschuhen und im Secondhand-Pelzmantel durch die Clubs. »Komm, ich spiel Gitarre, und du singst den Blues«, schlägt Otto vor, »dann können wir umsonst saufen.«

Marius hängt regelmäßig in Onkel Pös Carnegie Hall herum, dem wenige Jahre alten, aber trotzdem schon legendären Jazz-, Blues- und Rockclub am Eppendorfer Lehmweg, dem Szenetreff für alle, die irgendetwas mit Musik zu tun haben – Leute aus der Schallplattenindustrie, aus Presse, Rundfunk, Fernsehen und Plattenläden –, wo getrunken, geredet und geraucht wird, und wo, neben vielen anderen Künstlern, auch regelmäßig Udo auftritt.

Um die Ecke, im Teldec Studio an der Osterstraße in Hamburg-Eimsbüttel, nimmt Udo Lindenberg im Spätsommer 1973 mit seinen Musikern, dem neu gegründeten Panikorchester, den Song *Alles klar auf der Andrea Doria* auf, in dem er auf eine noch nie gehörte Art die Welt im Onkel Pö besingt, und neun weitere Nummern. Weil Udo Perfektionist ist, ziehen sich die Aufnahmen hin. Marius spaziert immer mal wieder im Studio vorbei, schaut zu und beobachtet, wie Udo diszipliniert und teilweise genialisch eine Platte mit Rockmusik in deutscher Sprache produziert. Sie wird schon im Dezember erscheinen – und für Udo Lindenbergs kommerziellen Durchbruch stehen.

Inzwischen ging am 27. August, einem Montag, Otto in der ARD mit seiner *Otto-Show* auf Sendung. Zuvor hatte er mit seinem Manager Hans-Otto Mertens seine eigene Plattenfirma gegründet und seine Platte herausgebracht, nachdem sich niemand von den etablierten Firmen vorstellen konnte, dass die Show mit dem speziellen Humor des Ostfriesen irgendjemanden interessieren könnte. Doch dann ging es schnell, die Verantwortlichen bei der ARD zeigten Interesse, die Fernsehshow kam gut an, und nach diesem Montag fand die Platte von Otto Waalkes, der inzwischen bei EMI unterschrieben hatte, in den deutschen Läden reißenden Absatz, tummelte sich in den oberen Verkaufsrängen der Hitparaden und markiert den Beginn einer Erfolgsstory.

In diesem Sommer 1973 dreht der Regisseur Roland Klick in Hamburg den Kinofilm *Supermarkt*, einen abgefahrenen Thriller, der im Milieu und am Rand der Gesellschaft von Hamburg spielt. Weil der Hauptdarsteller stark berlinert, sucht der Regisseur einen guten Synchronsprecher und findet ihn in dem hörspiel- und synchronerfahrenen Marius Müller-Westernhagen. Er wurde ihm von Udo Lindenberg empfohlen, der bei dieser Produktion für die Filmmusik am Schlagzeug sitzt.

Für den englischsprachigen Titelsong *Celebration,* den der Musiker Peter Hesslein geschrieben hat, wird noch ein Sänger gesucht. Als Udo dem Regisseur steckt, dass Marius nicht nur, wie Klick dachte, Schauspieler ist, sondern auch ein guter Sänger, zwar ohne Platte, aber mit viel Erfahrung, bittet er ihn, auch den Titelsong zu singen. Mit Udo am Schlagzeug und Peter Hesslein an der Gitarre wird der Song aufgenommen.

So kommt, völlig unerwartet, nicht nur ein Film mit Marius Müller-Westernhagens Stimme als Hauptdarsteller in die deutschen Kinos, sondern auch eine Single mit dem englischen Titelsong unter dem Künstlernamen »Marius West«, einer Erfindung von Roland Klick, auf den Markt.

Die Filmpremiere für *Supermarkt* findet am 31. Januar 1974 in Hamburg statt. Aber nicht nur das: An diesem Abend wird Marius einer Frau begegnen, die sein Leben in neue und geregeltere Bahnen lenken wird.

23

AUF UNSEREM SPAZIERGANG durch Charlottenburg sind wir inzwischen an der Ecke Kant- und Suarezstraße angekommen, biegen am Amtsgericht ab und gehen auf einem breiten Bürgersteig weiter. Marius erzählt gerade von der Zeit, als er Vater wurde. 1985 war es, er damals 36 Jahre alt.

»Ich war definitiv nicht reif dafür, trotz meines ja auch schon etwas fortgeschrittenen Alters«, sagt er. »War mit mir selbst und dem Rummel um meine Person beschäftigt und wusste überhaupt nicht, wie ich mich als Vater verhalten und mit dieser Riesenverantwortung umgehen sollte. Mit Mimis Mutter, Polly Eltes, meiner Filmpartnerin aus *Der Schneemann,* war ich auch nicht lange zusammen. Wir sind aber bis heute gute Freunde.«

Wir nähern uns dem Ende der Straße. »Ich war halt nicht vorbereitet, was auch eigentlich unmöglich ist. Alle Eltern versuchen sicherlich ihr Bestes, aber alle machen viele Fehler. Mimi ist Gott sei Dank immer ein unabhängiges Kind gewesen. Polly hat ihr gegenüber nie ein böses Wort über mich verlauten lassen, und umgekehrt auch nicht. Mimi hat Prinzipien, hat Ziele, kennt Ethik und Moral. Damit haben wir als Eltern letztlich doch schon was erreicht, finde ich.«

Wir gelangen wieder an eine Kreuzung, und Marius stellt

fest: »Kinder wollen lernen, werden immer die Grenzen ausloten, und Eltern sind dazu da, ihnen Orientierung zu geben. Sie brauchen Führung. Der größte Fehler ist es, Kinder zu belügen und Dinge zu versprechen, die man nicht einhält. Und es ist auch nicht so, dass Kinder dich lieben aufgrund der Anzahl der Geschenke, die sie von dir bekommen. Sie lieben dich, wenn sie sich auf dich verlassen können und du immer für sie da bist.«

Wir bleiben an der Ampel stehen, und er erzählt von Giulio, dem Sohn seiner Ex-Frau Romney, der mit Marius als Stiefvater aufgewachsen ist. Marius hängt nach wie vor sehr an ihm.

Die Fußgängerampel springt auf Grün. Eine Frau mit Hund kommt uns entgegen, lächelt freundlich und sagt im Vorbeigehen, ohne stehen zu bleiben: »Hallo Marius! Mein Sohn ist nach dir benannt.«

»Danke«, antwortet er.

Die Frau ist schon ein Stück entfernt und ruft: »Er ist schon siebenundzwanzig!«

In seiner Kindheit und Jugend habe er keinen einzigen anderen Marius gekannt, erzählt er, aber später, als er »diese abwegige Popularität«, wie er es nennt, erreichte, erzählten ihm öfter Eltern, dass ihr Sohn Marius nach ihm benannt worden sei.

»Was bedeutet dir dein Ruhm eigentlich?«, frage ich.

Das Thema gefällt ihm nicht sonderlich. Es ist eine verzwickte Sache.

»Als junger Kerl war es für mich wie für jeden anderen natürlich ein Traum, berühmt und erfolgreich zu werden«, sagt er, »auch wenn ich niemals erwartet habe, dass das tatsächlich passieren würde. Als es dann so kam, musste ich lernen, damit umzugehen, ohne zu wissen, dass Popularität vergänglich, eigentlich nur eine Momentaufnahme und zeitlich begrenzt ist. In dieser Zeit bekommt alles, was du sagst und tust, ein riesiges Echo. Und du triffst kaum mehr Menschen, die sich dir gegenüber normal verhalten. Du wirst zur Projektionsfläche, jeder sieht etwas anderes in dir, oft auch Dinge, die mit dir überhaupt nichts zu tun haben. Wenn du das in dieser Form eine Weile erlebst, kann es sein, dass du paranoid reagierst und dich letztendlich isolierst.«

Ein Lastwagen poltert vorbei. Als es ruhiger ist, nimmt Marius den Faden wieder auf und sagt: »Ich schätze und genieße es sehr, wenn meine Arbeit eine Reaktion hervorruft, aber ich bin kein Mensch, der gerne im Mittelpunkt steht. Ich erwarte Respekt, aber keine Bewunderung.«

»Aber dann hast du dir vielleicht den falschen Beruf ausgesucht«, werfe ich ein, »wo du auf der Bühne stehst und Tausende dir zujubeln?«

»Auf der Bühne befinde ich mich in einer Twilight Zone«, antwortet er. »Ich sehe mich als Medium. Da passieren Dinge, die ich sowohl geschehen lassen und gleichzeitig unter Kontrolle halten muss. Es ist fast wie praktizierte Schizophrenie. Bei der Schauspielerei ist es übrigens nicht anders. Um einen wirklichen Kontakt zum Publikum herzustellen, muss man bereit sein, seine Seele zu entblößen, und jedes Mal, wenn man einen Text singt oder rezitiert, muss man ihn immer wieder aufs Neue tief empfinden. Wenn dieser Kontakt entsteht, und so kitschig es klingt, wenn du wirklich Liebe für dein Publikum empfindest, löst das natürlich ein Glücksgefühl aus. Aber es kostet auch ungeheure Kraft. In der Stadionzeit war es eine Hassliebe. Es ist wie eine Droge, von der du loskommen willst, aber nicht kannst.«

»Wenn du rückblickend die Wahl hättest, würdest du dich gegen ein Leben mit Ruhm entscheiden?«

»Es ist so passiert, und dafür muss ich dankbar sein. Ich habe Erfahrungen gemacht, die nicht viele Leute machen dürfen, und natürlich rührt es mich, wenn Menschen heute zu mir kommen und sagen, dass meine Songs sie in ihrem Leben begleitet und ihnen in schwierigen Phasen ihres Lebens geholfen haben. Außerdem konnte ich mir durch den Erfolg auch eine existenziell wichtige Freiheit erarbeiten, was mir ermöglicht, meine Arbeit weiterhin so zu gestalten, wie ich es mir vorstelle.«

Er bleibt vor dem Schaufenster eines Antiquitätengeschäfts stehen, das aber geschlossen ist. Er schirmt mit der Hand seine Augen ab und schaut hinein. »Schade«, sagt er, »ich liebe Antiquitätenläden.« Er stemmt die Hände in die Hüften und schaut sich um: »Wo wollen wir lang?«

Wir gehen nach links die Straße hinunter, vorbei an kleineren Läden und Restaurants. An einer Litfaßsäule klebt ein Plakat mit Werbung für ein Musical. Ich frage ihn, ob er schon mal daran gedacht habe, sein Werk für ein Musical zur Verfügung zu stellen.

Die Idee sei schon öfter an ihn herangetragen worden, erzählt er. »Aber heute geht es ja meistens um die Lebensgeschichte desjenigen, der die Musik und die Texte geschrieben und performt hat. Ich finde es etwas oberflächlich und auch nicht besonders interessant zu versuchen, auf diese Weise das Leben eines populären Menschen transparent zu machen. Das wäre mir unangenehm. Aber meine Musik als Soundtrack für ein Theaterstück, das fände ich interessant.«

»Fällt dir ein Beispiel ein?«

»Robert Wilson, der *The Black Rider* im Hamburger Thalia Theater so großartig inszeniert hat mit der Musik von Tom Waits. Die Vorlage war der *Freischütz* – das hat mich sehr beeindruckt.«

»Hast du eigentlich die Rechte an deinen Liedern?«

»Ah, guck mal!« Er senkt seine Stimme und nickt in Richtung eines Paares, das vor einem Restaurant am Tisch sitzt und sich an den Händen hält. »Das sehe ich zu gerne: wenn Leute sich liebhaben. Ist das nicht schön? Als wir frisch nach Berlin kamen, sind wir in ein Restaurant gegangen, und da habe ich zum ersten Mal gesehen, dass zwei Mädchen an der Bar Händchen hielten und sich küssten. Und ich dachte: Fantastisch, das ist meine Stadt. In Berlin siehst du auf den Straßen ja auch Männerpaare Händchen halten. Wunderbar.«

Im Weitergehen kommt er auf die Frage der Rechte zurück: »Ja, die Rechte habe ich. Es gibt zwar ein paar Songs, bei denen andere Leute Rechte mithalten, aber nur ich kann bestimmen, was damit geschieht. Die wollte ich nie verkaufen, obwohl zeitweise Unsummen geboten wurden und immer noch werden. Ich wollte immer bestimmen können, wofür meine Musik genutzt wird. Ich will das nicht in irgendeiner Werbung oder auf einem Produkt sehen. Vor allem nicht die Songs, von denen ich denke, dass sie für Menschen vielleicht eine Bedeutung haben. *Freiheit* als Song für eine Werbung? Es gab viele Anfragen, es wurde viel Geld geboten. Aber das wollte ich nie und will ich auch jetzt nicht, für kein Geld der Welt.«

Nachdem wir in einem italienischen Restaurant etwas gegessen haben, spazieren wir durch die Charlottenburger Straßen zurück. Wir stehen wieder an einer Fußgängerampel. Eigentlich ist nicht viel los, wir könnten auch so rübergehen, aber wir warten. Eine Weile reden wir nicht. Marius kann genauso intensiv schweigen wie reden.

»Hat Freiheit heute für dich eine andere Bedeutung als früher?«, frage ich.

»Als ich jung war, habe ich mich nicht unfrei gefühlt, ich kannte es ja nicht anders. Erst später, im Lauf des Lebens, habe ich gemerkt, was Freiheit meint und wie schwer es ist, sich persönliche Freiheiten zu schaffen.«

»Fühlst du dich heute frei?«

»Soweit es irgendwie geht. Für mich persönlich schon. Ansonsten halte ich Freiheit aus meiner heutigen Sicht für eine Illusion. In jeder Gruppe, von einer gesamten Gesellschaft bis hin zu Freundschaft oder Ehe, muss es Regeln geben. Sonst endet es im Chaos.« Im Weitergehen fügt er noch hinzu: »Das ist auch meine Kritik an den sozialen Medien. Es ist ein rechtsfreier Raum, der zulässt, dass dumme, hasserfüllte und kriminelle Menschen für ihre Äußerungen nicht zur Rechenschaft gezogen werden. Das Netz ist sicherlich eine fantastische Errungenschaft, aber ohne Reglementierung auch eine große Gefahr für die Gesellschaft.«

24

HAMBURG-PÖSELDORF, 31. JANUAR 1974. Um 19.30 Uhr verlässt die Film- und Fernsehschauspielerin Katrin Schaake, die zuletzt gerade mit Rainer Werner Fassbinder gedreht hat, im Wintermantel die Wohnung und das Haus, steigt in ihr Auto und startet den Motor. Die Temperaturen liegen knapp über dem Gefrierpunkt. Die Scheiben sind beschlagen, das Lenkrad und die Sitze eiskalt.

Sie fährt den Mittelweg hinunter, biegt vor dem Dammtor-Bahnhof ab, folgt der Esplanade und hält sich vor der Kennedybrücke rechts, fährt an der Binnenalster entlang und am Hotel Vier Jahreszeiten vorbei. Der Jungfernstieg und das Streits-Kino mit einer Menschentraube davor sind schon in Sichtweite. Die Heizung läuft auf Hochtouren, die Scheiben sind jetzt klar, es ist mollig warm, und Katrin Schaake parkt.

Im Streits-Kino finden regelmäßig Filmpremieren statt, bei einigen hat sie schon selber mit auf der Bühne gestanden, einmal auch bei einer Hollywoodproduktion: *What's New, Pussycat?*, die hier ebenfalls gezeigt wurde und bei der sie eine kleine Rolle hatte. Heute heißt der Premierenfilm *Supermarkt* und ist von Regisseur Roland Klick.

Der Film kommt beim Publikum und auch bei Katrin Schaake gut an. Die Stadt Hamburg – so wird man bei der anschließenden Premierenfeier sagen – wird hier einmal von einer ganz anderen Seite gezeigt. Doch noch läuft der Abspann. Katrin Schaake liest alle Namen. Denn was ihr am Film besonders gefällt, sind die Musik und der Titelsong: *Celebration* – gesungen von einem gewissen Marius West.

Als unter dem lang anhaltenden Applaus des Publikums der Regisseur und einige Mitwirkende auf die Bühne kommen, passiert einem von ihnen, dem schlaksigen Typ mit den schulterlangen Haaren, ein Missgeschick: Er tritt fast in ein Scheinwerferglas. Katrin Schaake lächelt. Der Mann gefällt ihr.

Bei der Premierenfeier in der Kino-Bar plaudert sie bei einem Glas Sekt mit Bekannten, als sie den Typen entdeckt. Sie entschuldigt sich – und geht zu ihm. Sie bekommt noch mit, wie er mit jemandem über Musik redet, und fragt, ob er mit der Musik für den Film zu tun habe.

»Kann man so sagen.« Er lächelt sie offen an. »Ich habe den Song gesungen.«

»Dann heißt du Marius West?«, fragt sie verblüfft.

»Yep.« Er stellt sich vor und erfährt, dass die Frau mit den seidigen blonden Haaren, großen Augen und dem schönen Mund Katrin Schaake heißt und selbst Schauspielerin ist. Er erzählt, dass er aus Düsseldorf kommt, nach Hamburg ziehen will und eine Wohnung sucht, und fragt, ob sie vielleicht einen Tipp hätte.

»Vielleicht«, antwortet sie. Ihre Mutter habe manchmal etwas an der Hand. Sie tauschen Telefonnummern.

Als Katrin Schaake sich auf den Weg macht, die Party zu verlassen, begegnet sie Marius noch mal, und er sagt zum Abschied: »Ich finde dich schön.«

»Ich finde dich auch schön«, antwortet sie.

Wenige Tage später verabreden sie sich an der Außenalster, spazieren ums Wasser herum, kehren in ein kleines Café ein. Sie verlieben sich. Katrin ist 35 Jahre alt, Marius 25. Der ungewöhnliche Altersunterschied stört sie beide nicht.

Ein paar Wochen später nehmen sie sich zusammen eine Wohnung am Mittelweg, Altbau, drei Zimmer, 65 Quadratmeter, verlegen im Wohnzimmer Teppichfliesen, werfen eine Felldecke übers Bett und stellen seine Gitarre an die Wand. Es ist Marius' erste eigene Wohnung, und sein Umzug nach Hamburg ist endgültig vollzogen.

Währenddessen verkauft sich in diesem Frühjahr Udo Lindenbergs Album *Andrea Doria,* das einige Monate zuvor erschienen ist, immer besser, seine Tournee mit dem Panikorchester läuft auch gut, und die Plattenfirmen erkennen: Deutschrock unter dem Label »Hamburger Szene« könnte eine neue Gelddruckmaschine werden. Man schaut sich nach deutschen Interpreten um, mit denen man auf den fahrenden Zug aufspringen kann.

FRAUEN UND MÄNNER

Ich fühle mich in der Gesellschaft von Frauen fast wohler als in der von Männern. Ich hatte auch nie einen Zugang zu diesen typischen testosterongetränkten Machoritualen. Wie du ja weißt, ist mein Vater früh gestorben, und ich bin einen sehr entscheidenden Teil meiner Jugend mit zwei Frauen – meiner Mutter und meiner Schwester – aufgewachsen. Das war sicher prägend und erklärt vielleicht, warum ich die weibliche Psyche, soweit es überhaupt möglich ist, einigermaßen verstehe. Die immer kraftstrotzende, alles bestimmende Vaterfigur habe ich nie gehabt.

Hast du auch mit Frauen zusammengearbeitet?

Natürlich, und worin hier ein Konflikt liegen soll, kann ich nicht nachvollziehen. Es geht doch letztendlich darum, ob jemand die Qualifikation und Kompetenz für ein Projekt mitbringt, und nicht um das Geschlecht, die Hautfarbe, die religiöse oder auch sexuelle Neigung oder gar die nationale Zugehörigkeit. Das wäre doch absurd.

Wann hast du angefangen, Frauen sexuell zu begehren?

Das war schon sehr früh der Fall. Aber als kleiner Junge kannst du das natürlich nicht einordnen. Es war aufregend und zur gleichen Zeit verwirrend. Ich war bis über beide Ohren in meine erste Lehrerin verliebt, dann in eine Klassenkameradin, deren Namen Oktavia mich zum Träumen gebracht hat. Jeden Nachmittag habe ich mich vor dem Wohnungsfenster ihrer Eltern versteckt, um einen Blick auf sie zu erhaschen. Ich war damals vielleicht sechs Jahre alt. Man war nicht so früh aufgeklärt wie die Jugendlichen heute. Wir waren im wahrsten Sinne des Wortes noch bis ins Teenageralter und darüber hinaus Kinder. Wir wurden von unseren Eltern so lange wie möglich über die Sexualität im Ungewissen gelassen, oder sie wurde uns als etwas Schmutziges, Verachtenswertes vermittelt. Das verstärkte bei uns selbstredend die Neugier auf das Verbotene und Unbekannte. Und es war auch ungeheuer romantisch und unschuldig. Nur schon die Hand eines begehrten Mädchens zu berühren, löste bei mir massive Glücksgefühle aus.

Viel später, als du längst erwachsen und ein Star warst – wie bist du dann mit Groupies umgegangen?

Ich hatte nie Interesse an Frauen, die sich mir offensichtlich anboten. Das hat mich nie gereizt. Ich finde es sowohl für den Mann wie auch für die Frauen entwürdigend. Wenn man im Rampenlicht steht, ist es ja offensichtlich, warum diese Frauen dir ihren Körper anbieten. Es geht nicht um dich, sondern um Ruhm, Macht und Geld. Ich finde es viel aufregender, eine Frau erobern zu müssen.

Und als du geheiratet hast, wie wichtig war dir da Treue?

Ich bin keinesfalls monogam, aber ich finde, wenn man ein Eheversprechen eingeht, sollte man es, soweit und solange es für die Beziehung positiv ist, einhalten. Langjährige und intensive Ehen können natürlich auch ermüden, die Energie, die gegenseitige Inspiration schwindet. Meine erste Ehe dauerte 25 Jahre, und ich bin 25 Jahre treu geblieben. Dass das möglich ist, hätte ich mir vorher nie vorstellen können. Romney und ich haben jede Minute miteinander verbracht. Wir wurden von der Presse sogar als »Symbiose« beschrieben. Aber auch über diese scheinbar perfekte Verbindung ging langsam, aber sicher die Zeit hinweg. Eine leidenschaftliche Beziehung mutierte immer mehr zu einer gut geölten Zweckgemeinschaft. Es war schmerzhaft und desillusionierend zu erkennen, dass etwas, das man als ewig angenommen hatte, das für immer hätte sein sollen, sich dann doch, wie alles im Leben, als endlich erwies.

Und dann hast du Lindi kennengelernt?

Sie ist wie ein Blitz in mein Leben eingeschlagen. Zwei Jahre haben wir versucht, unsere Gefühle füreinander zu unterdrücken. Je mehr wir dagegen ankämpften, desto stärker und übermächtiger wurde das, was nicht sein durfte, bis es unerträglich war. Ich musste eine Entscheidung treffen, eine Entscheidung zwischen einer sicheren Vergangenheit und einer ungewissen Zukunft. Auch wenn es in meinen Augen für alle Beteiligten die richtige Entscheidung war, quält mich nach wie vor, dass ich einen von mir hochgeschätzten Menschen so enttäuschen und so sehr verletzen musste.

Viele Musiker aus der Pop- und Rockmusik, auch berühmte, leben und lebten zeitweise bisexuell – hattest du in deinem Leben eigentlich auch erotische Erlebnisse mit Männern?

Ich habe wahrscheinlich genauso viele schwule wie auch nicht schwule Freunde, und manchmal erscheinen sie mir sogar geistreicher, kultivierter, gebildeter und humorvoller als Heteros. Ich bezeichne mich ja selbst scherzhaft als vom Kopf bis zur Hüfte schwul, weil einige der größten Klischees über schwule Männer auch auf mich zutreffen. Ich kann stundenlang in Mode- und Interieurmagazinen herumblättern, Maria Callas rührt mich zu Tränen, ich habe, glaube ich, auch ein gutes Gefühl und eine Leidenschaft für Style, für jegliche Art von Design eigentlich. Andererseits mag ich bis auf wenige Ausnahmen Musicals überhaupt nicht, bin kein Fan von Céline Dion und tanze nur betrunken oder unter Zwang. Auch wenn das für einige Fans enttäuschend sein sollte und es nicht ihrem Bild von mir entspricht, so muss ich doch zugeben, dass ich mich für einen Schöngeist halte, der sich auch manchmal gefährlich dem Snobismus nähert. Nein, unterhalb meiner Hüfte und in meinen sexuellen Fantasien spielen ausschließlich Frauen eine Rolle. Ich bin nicht schwul und auch nicht bi. Schade eigentlich.

25

IM FRÜHJAHR 1974 liegen bei Marius die Angebote gleich mehrerer Plattenfirmen auf dem Tisch. Bei ihrer Suche nach Deutschrock-Interpreten sind die Plattenbosse auch durch den Filmsong *Celebration*, der sich inzwischen zum Radiohit gemausert hat, auf Marius Müller-Westernhagen aufmerksam geworden. Aber er solle bitte in deutscher Sprache singen, und am besten wäre es, wenn er auch seine eigenen Texte schreiben würde. Man drängt auf eine schnelle Entscheidung.

Marius zögert. Er, der doch bisher fast nur englische Songs gesungen hat, die andere Menschen geschrieben und komponiert haben, und der doch eigentlich am liebsten ein Rock-'n'-Roll-Album auf Englisch aufnehmen würde, soll eigene Songs auf Deutsch schreiben? Dazu einen Stil entwickeln, der sich von Udo Lindenberg und Bands wie Ton Steine Scherben und Ihre Kinder unterscheidet?

Statt eine Entscheidung zu treffen, stürzt er sich in die Arbeit für ein Hörspiel, für dessen Aufnahmen er nach Stuttgart reisen muss. Er ist wie immer gut vorbereitet, arbeitet konzentriert und diszipliniert. Aber die Angebote der Plattenfirmen gehen ihm auch im Schwabenland keine Minute aus dem Kopf.

Während bei Marius Müller-Westernhagen offenbar einiges in Bewegung kommt, bleibt auch in der Politik nichts stehen. Am 7. Mai 1974 tritt Willy Brandt als Bundeskanzler zurück, nachdem einer seiner engsten Mitarbeiter, Günter Guillaume, als DDR-Spion enttarnt wurde. Neun Tage später, am 16. Mai, übernimmt der bisherige Finanzminister Helmut Schmidt als fünfter Bundeskanzler in der Geschichte der Bundesrepublik Deutschland die Regierungsgeschäfte. Eine neue politische Ära beginnt. Der zweite SPD-Kanzler ist Marius längst nicht so sympathisch, wie Willy Brandt es war, aber sein Intellekt, die Scharfzüngigkeit imponieren auch ihm, und er gewährt dem Neuen einen Vertrauensvorschuss.

Im Radio singen Cindy & Bert *Die Sommermelodie*, den Song, mit dem sie beim Eurovision Song Contest in Brighton auf einem der hinteren Plätze gelandet sind (gewonnen haben Abba mit *Waterloo*), Chris Roberts steht mit seinem Schlager *Du kannst nicht immer siebzehn sein* auf den oberen Rängen der deutschen Hitparade, und Peter Horten singt *Ich kann machen, was ich will*. Marius ist überzeugt, dass er es genauso gut, wenn nicht gar besser kann: auf Deutsch texten und singen, aber bitte keinesfalls Schlager, sondern Rock'n'Roll.

Siggi Loch, der Chef von WEA Records (einer im Jahr 1971 gegründeten Tochtergesellschaft von Warner Music), überzeugt Marius, dass die in Hamburg angesiedelte Schallplattenfirma die richtige für ihn ist. In einem gediegenen Hamburger Fischrestaurant unterschreibt er seinen ersten Plattenvertrag.

Jetzt muss alles ganz schnell gehen. Marius braucht zehn Texte für zehn Titel und die Musik dazu. Im Herbst soll alles fertig sein, die Platte produziert werden und Anfang des Jahres 1975 mit einer ersten Single-Auskoppelung auf den Markt kommen.

Er zieht sich in seine Wohnung am Mittelweg zurück oder liegt draußen auf den Alsterwiesen und beginnt zu schreiben, und das geht erstaunlich schnell. Er schreibt über das, was ihm in den bisherigen fünfundzwanzig Jahren seines Lebens zugestoßen ist und ihn beschäftigt hat: die erste Liebe *(Wir waren noch Kinder)*, über die Mutter *(Sie war auch dann noch da)* und über seinen Vater, den er auch zwölf Jahre nach dessen Tod immer noch schmerzlich vermisst – *Wenn jemand stirbt:*

> Manchmal geh ich auf den Friedhof
> Dort liegt mein Vater schon zwölf Jahr
> Als er starb, da war ich noch ein Kind
> Und ich wusste damals nicht, was er
> mir war, und ich wünsch mir
> Er wär noch da
> (...)
>
> Er trank jeden Tag 'ne Flasche Korn
> Nahm Tabletten, war sehr krank
> Doch sie sagten nur
> Was hat er schon
> Er säuft doch wie ein Loch
> Mit ihm ist nichts mehr los
> Doch alle kamen

Als er starb
(…)
Ja, alle kamen
Als er endlich starb

So viel Freunde sah ich nie
Alle hatten ihn geliebt
Jeder drückte meine Hand dann
Sagte Beileid und noch mehr
Wenn jemand stirbt
Dann ist es leicht zu weinen
Hätten sie doch nur
Ihm mal Mut gemacht
Das hätt' geholfen

Glaubt es mir
(…)
Das hätt' geholfen, glaubt es mir

Siggi Loch meldet sich und fragt, wie es läuft, hört sich die ersten Melodien an, liest die Texte und berichtet, dass das Aufnahmestudio in Maschen südlich von Hamburg im Oktober gebucht ist.

Marius beginnt über die Themen aus dem eigenen Leben hinauszudenken und fiktive Figuren zu entwickeln, die für ein Lebensgefühl oder eine bestimmte Lebenssituation stehen, und geht dabei ähnlich vor wie als Autor von Sketchen für den *Express*. Für eine schnelle Country-Komposition, für die noch der Text fehlt, erfindet er zum Beispiel den Charakter »Marion aus Pinneberg«:

Marion aus Pinneberg
Du fährst jeden Samstag in die Stadt
Zum Tanzen
Du ziehst die engsten Hosen an
Klebst Wimpern
Du musst nicht zu Firma Franzen

(…)

Siggi Loch berichtet, dass er als Produzenten für die Platte Peter Hesslein, den Marius von den *Celebration*-Aufnahmen kennt, gewinnen konnte. Hesslein ist zwei Jahre älter als er, stammt aus Hamburg-St. Pauli, hat schon als Jugendlicher mit der Musik angefangen, animiert auch durch Besuche im Star Club, wo er kostenlos reindurfte, weil seine Mutter den Imbiss um die Ecke betrieb und die gegenseitige Unterstützung in St. Pauli selbstverständlich war. Mit fünfzehn gründete er seine erste Band, spielte Hardrock (neben der ordentlichen Ausbildung zum Dekorateur im feinen Alsterhaus am Jungfernstieg), gründete dann die Rockband Lucifer's Friend, mit der er gleich mehrere Alben aufnahm. Siggi Loch engagiert auch Hessleins Bandmitglieder von Lucifer's Friend, um im Oktober die Songs mit Westernhagens Gesang einzuspielen.

Pünktlich zum Produktionsbeginn hat Marius zehn Songs beisammen. Zweieinhalb Wochen lang fährt er täglich von Pöseldorf ins Tonstudio nach Maschen. Hier entsteht die erste Langspielplatte von Marius Müller-Westernhagen, dem möglicherweise neu aufgehenden Stern am deutschen Musikhimmel. Er richtet das Covershooting mit einem befreundeten Fotografen aus und bestimmt den Titel des Albums: *Das erste Mal.*

Zum Jahresbeginn 1975 erscheint, wie geplant, die erste Single-Auskoppelung *Wir waren noch Kinder*. Der Song wird im Radio gespielt, aber in den Regalen der Plattenläden bleibt die Single weitgehend unbeachtet. Auch die LP *Das erste Mal,* die kurz darauf erscheint, ist nicht mehr als ein Achtungserfolg. Neu ist für Marius nur das Gefühl, in die Plattenläden zu gehen und dort seine eigene Scheibe zu sehen – auch wenn er nie beobachtet, dass sie jemand kauft oder auch nur aus dem Regal nimmt. Das ändert sich, als im April die nächste Single-Auskopplung auf den Markt kommt, *Es geht mir wie dir* und auf der B-Seite *Taximann*.

Die Geschichte einer kurzen Taxifahrt nach Mitternacht, die auf dem Polizeirevier endet, trifft einen Nerv. Marius Müller-Westernhagen wird in die ZDF-Musiksendung *Disco* eingeladen, in der zwölfmal im Jahr um 19.30 Uhr Interpreten und Bands aus allen musikalischen Himmelsrichtungen, aber vorwiegend aus dem Schlager, auftreten. Moderiert wird das Format vom 22-jährigen Ilja Richter, der auch in Einspielfilmen zwischen Auftritten von Musikstars wie Rod Stewart, Howard Carpendale und Abba erscheint und mit komischen Grimassen und musikalischem Sprechgesang versucht, der Sendung zusätzlich einen komödiantischen Anstrich zu verpassen.

Am 26. April 1975, nach dem Show Opener von Ralph McTell mit *Streets Of London,* begrüßt Ilja Richter das Publikum wie gewohnt mit »Hallo Freunde!«, und das Publikum antwortet, wie gewohnt, mit »Hallo Ilja!« Nach einem dreiminütigen Ilja-Richter-Einspieler und den Auftritten von Tina York mit *Wir lassen uns das Singen nicht verbieten* und von The Sweet mit *Fox On The Run* kündigt Ilja Richter im korrekt zugeknöpften, zweireihigen beigefarbenen Anzug mit dicker Seidenkrawatte den »Disco-Tip« an: »Liebe Freunde! Sie erfahren jetzt etwas von M-M-W *(Kunstpause)*. Ja! M-M-W ist keine Automarke, sondern: Marius. Müller. Westernhagen. Marius ist Schauspieler, Komponist und nun auch Sänger – mit seinen eigenen Texten. Hier ist sein Lied vom – *Taximann*!«

Marius tritt seitlich aus dem Dunkeln hervor. Auch er trägt einen hellen Anzug, aber nicht wie Ilja Richter in Beige, sondern in gebrochenem Weiß, das Sakko nicht zugeknöpft, sondern weit geöffnet. Er trägt kein Hemd mit Krawatte, sondern ein T-Shirt, dazu weiße Turnschuhe, einen weißen Seidenschal und blassblauen Lidschatten. Er betritt die Bühne entspannt – nicht nur entschlossen, diesen Schuss zu verwandeln, sondern auch wissend, dass er es kann und tun wird. Die Musik spielt schon, als er das Mikrofon mit einem Ende seines Schals abwischt und zu singen beginnt.

> Die Uhr zeigt Mitternacht
> Die Kneipe hat zugemacht
> Ich bin ganz schön betrunken
> Ich hatt' mit Katrin Krach

Plötzlich taucht wie aus dem Nichts direkt vor Marius ein Tontechniker auf, der noch schnell was am Mikrofon richtet. Marius lässt sich von der Einlage kein bisschen stören.

Ich halt ein Taxi an
Und gebe die Adresse lallend an
Er guckt mich blöde an, der Taximann
Doch dann, dann fährt er an

Ich möchte 'ne Zigarette
Wenn ich bloß eine hätte
Der Taxifahrer raucht nicht
Da mach ich jede Wette
Im Aschenbecher ist 'ne Kippe
In meinem Suff steck ich sie an
Ich zieh den Rauch tief ein, jetzt ist mir etwas besser
Ich fang zu singen an

Nun fahr schon los, ich will nach Hause, Taximann
Fahr etwas schneller und halt nicht dauernd an
Nun fahr schon los, ich will nach Hause

Das fand er gar nicht gut
Er bremst hart voller Wut
Er sagt kurz: »Kost' 5 Mark 65«
Ich geb's ihm, er tippt an seinen Hut
Und ich steh wieder auf der Straße
Es regnet obendrein
Ich tapse in die Pfützen, ich fühl mich wie Gene Kelly
Und sing, so laut ich kann

Nun fahr schon los, ich will nach Hause, Taximann
Fahr etwas schneller, hey, und halt nicht dauernd an
Ohh Taximann

Polizeirevier. Ich hätt so gern 'n Bier
'n Bulle fragt: »Was ham'n Sie sich dabei gedacht,
   mein Lieber?«
Ich zieh die Schultern hoch und glotze
So wie man halt besoffen glotzt
Ich fange wieder an mein Lied zu singen
So laut, wie ich nur kann

Nun fahr schon los, ich will nach Hause, Taximann
Nun fahr schon schneller und halt nicht dauernd an
Nun fahr schon los, ich will nach Hause, Taximann
Hey, fahr etwas schneller, und halt nicht dauernd an

Der Song ist vorbei, die Musik verklungen, und Marius Müller-Westernhagen macht wie auf der Theaterbühne eine tiefe, formvollendete Verbeugung. Und dann passiert etwas: In den Applaus mischen sich begeisterte Pfiffe. Das Publikum jauchzt und johlt. Marius hat es geschafft, ein Funke ist übergesprungen.

AUTOS

Für meine Generation hatte das Auto eine geradezu kultische Bedeutung. Es stand für Freiheit, Unabhängigkeit und Abenteuer. Ich lebte ja wie viele andere jungen Männer aufgrund der nicht vorhandenen finanziellen Mittel noch zu Hause bei meiner Mutter. Mein Auto war der Ort, an den ich dem Diktat meiner Mutter und der in meinen Augen rückwärtsgewandten Gesellschaft entfliehen konnte. Mit achtzehn machte ich meinen Führerschein bei der Fahrschule Strecker in Düsseldorf. Strecker war ein Freund meines Vaters, der unter anderem auch die Sexarbeiterinnen unterrichtete, die in Düsseldorfs größtem Bordell hinter dem Bahngang anschafften. So kam es, dass die eine oder andere während meiner Stunde hinten bei mir im Auto saß, weil sie nach mir an der Reihe war.

Erinnerst du dich an dein erstes Auto?

Das war der hellblaue Borgward Isabella TS meiner Mutter. Wenn man den über 100 fuhr, leuchtete die Öllampe hysterisch auf, und er fing an zu kochen. Mein erstes eigenes Auto war ein silberner Opel Rallye Kadett, in den ich all mein Geld steckte, um ihn bis zum Gehtnichtmehr schärfer zu machen. Vor den Clubs – damals noch Discos – wurde in bester Gockelmanier grundsätzlich nur mit quietschenden und rauchenden Reifen angefahren. Was Hormone in der Jugend alles anrichten, ist schon erstaunlich.

Wie oft hattest du Probleme mit der Polizei?

Mit 18 war ich noch so klein, dass mich die Polizei mehrmals anhielt, da sie nicht glauben konnte, dass ein Kind, das ohne Kissen nicht über das Lenkrad sehen kann, einen Führerschein besaß. Später sprach sich dann in der Düsseldorfer Halbwelt herum, dass ich mich mit meinem Auto ziemlich schnell bewegen konnte. Kein Wunder, ich verbrachte zu der Zeit ja fast mein ganzes Leben in der Kiste. Mehrmals wurde ich von Dealern und Kleinkriminellen gefragt, ob ich Stoff oder halt auch »vom Lastwagen gefallene Ware« befördern würde. Gott sei Dank war ich klug genug, den Reizen einer kriminellen Karriere zu widerstehen, aber wahrscheinlich hätte mir auch der Mut gefehlt.

Wolltest du mal Rennfahrer werden?

Man muss schon mit fünf oder sechs Jahren in einem Gokart sitzen, um jemals so brillant fahren zu können wie die Fahrer, die es in die Formel 1 schaffen. Ich hatte einmal die Gelegenheit, in einem Doppelsitzer-Formel-1-Boliden von McLaren/Mercedes mitzufahren. Am Steuer saß David Coulthard. Spätestens wenn man diese Jungs beim Pilotieren dieser Raketen so nahe erleben darf, wird einem unweigerlich bewusst, dass sie sich auf einem Level bewegen, das man nie erreichen wird.

26

IM MAI 1976, dreizehn Monate nach Marius Müller-Westernhagens erstem Album *Das erste Mal*, erscheint sein zweites Album *Bittersüß*. Produzent ist wieder Peter Hesslein, der an sechs Kompositionen der neun Songs mitgeschrieben hat. Drei Stücke sind mit Text und Musik vollständig aus der Feder von Marius. Eines davon, *Endspurt*, handelt von der fiktiven Karin Schmitz, die eine schlimme Nachricht erhält und einen Entschluss fasst:

> Karin Schmitz ist vierzig, sieht noch ganz gut aus
> Sie führt 'ne heile Ehe, kommt aus gutem Haus
> Niemand sieht, was sie schon weiß
> Der Doktor brachte es ihr bei
>
> Karin fühlt sich schon seit fast zwei Jahren schlecht
> Doch sie dachte nur, das geht schon wieder weg
> Sie ging erst jetzt zum Arzt, nun ist es raus:
> »In der Falle sitzt die Maus«
>
> Karin Schmitz ist trotzig, will jetzt noch mal ran
> Mit bangen Augen fragt sie ihren Doktor: wann?
> Wenn Sie Glück hab'n, noch ein Jahr
> Für diese Zeit sieht Karin klar

Denn sie weiß, das letzte Stück
Legt im Endspurt sie zurück

Karin liebt jetzt jeden Mann, den sie begehrt
Sie hört nur noch Elvis, singt dazu verkehrt
Um die Welt ist sie gereist
Sie liest alle Werke Kleists

Karin tut jetzt all das, was ihr Freude macht
Sie isst, so viel sie will, und tanzt die ganze Nacht
Ihr kleines Auto streicht sie rot
Und sie scherzt: »Rot ist der Tod«

Denn sie weiß, das letzte Stück
Legt im Endspurt sie zurück

Karin starb mit einem Lächeln auf dem Gesicht
Zu ihrem Mann hat sie gesagt: vergiss zu leben nicht
Er verstand und nickt' ihr zu:
Mein geliebtes kleines Huhn

Denn er weiß, das letzte Stück
War für sie das letzte Glück

Der Song stößt bei einigen Kritikern auf Empörung: ein Mann, der seine sterbende Frau »kleines Huhn« nennt? Das wird als pietätlos, unanständig und schamlos betrachtet.

Aber von Krankheit betroffene Menschen und ihre Angehörigen fühlen sich verstanden: Denn der Tod ist für sie zwangsläufig zu einer Realität geworden, die verbleibende

Zeit ebenso. Es gibt keinen Nachschlag und keine Ausnahme. Die Empathie, der Mut und die Offenheit, mit dem Marius das Thema Krankheit angeht, ergeben einen neuen Ton. Offen und ohne falsche Scham. Er will wissen, wie Menschen wirklich ticken, wie sie reagieren, wenn sie in Bedrängnis geraten, wenn der Tod zuschlägt oder auch das Leben.

Um das herauszufinden, darzustellen und in Worte zu fassen, geht der Songschreiber Marius Müller-Westernhagen beim Charakterstudium ähnlich vor wie der Schauspieler. Der Songschreiber profitiert vom Schauspieler und umgekehrt.

Trotzdem ist er mit seinem zweiten Album insgesamt nicht zufrieden, was mehr an den Arrangements der Songs als an der Komposition liegt. Es ist ein diffuses Unbehagen und eine Ahnung, dass dem Endergebnis etwas Grundsätzliches fehlt, ohne dass er benennen könnte, was es ist.

Vielleicht bemerken die wenigen Hörer die Unentschlossenheit, mit der die Platte produziert wurde. Zu viele Leute wollten zu viel Unterschiedliches. Das Album zieht kaum jemanden in den Bann, es wird nicht weiterempfohlen, es bleibt in den Regalen der Schallplattenläden liegen.

Als Marius eine Einladung zu der von Dieter Thomas Heck moderierten ZDF-*Hitparade* ausschlägt, bekommt Siggi Loch einen Wutanfall. Er versucht alles, um seinen Schützling dazu zu überreden, die Chance für einen Auftritt vor einem Millionenpublikum zu nutzen. Aber der bleibt stur. Keinesfalls will er in der Show auftreten, in der vorwiegend Schlagerstars singen.

Als er dann auch die Anfrage des Jugendmagazins *Bravo*

für ein Interview und eine Homestory ablehnt, fasst man sich in der Plattenfirma an den Kopf.

Was die *Bravo* angeht, will Marius nicht Gefahr laufen, in der Kategorie Teeniestar zu landen, weil Musiker wie Bands aus der Nummer nur schwer wieder rauskommen, das hat er oft genug beobachtet. Die Tatsache, dass ihm sowohl die *Hitparade* als auch die *Bravo* ungemein viel Aufmerksamkeit bescheren würden, ändert rein gar nichts an seiner Entscheidung. Er wird auch später nie mit der *Bravo* kooperieren oder jemals in der *Hitparade* auftreten. Anders als Udo Lindenberg, der das entspannter sieht. Dessen Konzerte werden immer größer, und seine Platten *Ball Pompös* und *Votan Wahnwitz*, die Nachfolger von *Andrea Doria*, haben inzwischen beide Goldstatus erreicht.

Marius Müller-Westernhagen arbeitet unterdessen einfach erst einmal weiter, schreibt neue Texte, neue Musik, und wieder – wie schon beim ersten und zweiten Album – ist Peter Hesslein Produzent, schreibt und redet mit und nimmt Einfluss. Er ist als Produzent deutlich erfahrener als Marius, der viel von ihm gelernt hat, aber sich ihm gegenüber nicht durchsetzen kann. Viele Entscheidungsunstimmigkeiten gehen zugunsten von Hesslein aus.

Als im Februar und März 1977 das dritte Album von Marius Müller-Westernhagen im Alster-Studio in Hamburg von Peter Hessleins Band Lucifer's Friend eingespielt wird und kurz darauf erscheint, sind immerhin schon fünf von zehn Songs von ihm allein geschrieben. Der Titel des neuen Albums lautet: *Ganz allein krieg ich's nicht hin.* Nun schwebt es wie ein Banner über dem neuen Werk des Künstlers: Allein kriege ich es nicht hin.

Der Titel erscheint wie eine Drohung und ein letzter Hinweis: Wenn du jetzt nicht über dich selbst hinauswächst und eine Grundsatzentscheidung triffst, wirst du vielleicht niemals alleine etwas hinkriegen. Marius scheint es zu ahnen: *Ich würde so gern mal was Großes schreiben, und bei all dieser Größe einfach Marius bleiben,* lautet eine Zeile aus dem gleichnamigen Song.

Die Platte wird, wie jede andere Platte auch, zunächst in limitierter Auflage vorgepresst, das sogenannte weiße Exemplar, das vorab an die Medien und natürlich auch an den Künstler geht. Marius holt sich sein Exemplar persönlich in der Plattenfirma ab, fährt damit nach Hause an den Mittelweg, wo er sie auflegt und beide Seiten von Anfang bis Ende durchhört.

Als der letzte Ton verklungen ist, hält er die Stille in der Wohnung nicht lange aus. Er streift seine Trainingshose über, zieht seine Sportschuhe an und läuft los. Die Magdalenenstraße entlang, die Milchstraße hinunter zur Außenalster. Das Joggen ist in Deutschland noch nicht angekommen, er ist der einzige Läufer, und Spaziergänger rufen ihm hinterher: »Eins, zwei, eins, zwei, eins zwei!«

Im Dauerlauf geht es über die Krugkoppelbrücke, an der Bellevue entlang, auf die andere Seite der Außenalster. Nach vielleicht vier Kilometern, an der Schönen Aussicht, gesteht Marius sich ein, dass er schwer enttäuscht ist. Dass er in seiner Amateurzeit bessere Musik gemacht hat als jetzt.

Er lässt St. Georg hinter sich, läuft über die Kennedybrücke, die die Binnen- von der Außenalster trennt. Für die Strecke, einmal um die Außenalster herum, braucht er normalerweise 34 Minuten. Heute ist er deutlich schneller.

Als er wieder am Mittelweg ankommt und immer noch wütend die Wohnungstür aufschließt, hat er einen Entschluss gefasst.

27

ZWEI JAHRE ZUVOR, IM SOMMER 1975, als er noch an den Songs für sein zweites Album schrieb, waren zwei Drehbücher für Filme auf seinem Tisch gelandet, in denen er die Hauptrolle übernehmen sollte.

Beide Geschichten spielen Ende der 1920er-Jahre, am Vorabend der Machtübernahme durch die Nationalsozialisten. In dem Film *Verlorenes Leben* von Ottokar Runze würde Marius Müller-Westernhagen einen Polizeispitzel und Verräter darstellen, der in Schlesien einen Mann dazu bringt, einen Mord zu gestehen, den er gar nicht begangen hat. Im Fernsehspiel *Sladek oder Die schwarze Armee* soll er einen opportunistischen Jungfaschisten spielen. Vorlage hierfür ist das 1929 von Ödön von Horváth geschriebene gleichnamige Theaterstück, das vor der Gefahr des aufkeimenden Faschismus warnt.

Beide Stoffe reizen ihn. Um die komplexen Charaktere zu verstehen und glaubhaft verkörpern zu können, muss er die Abgründe der menschlichen Psyche ausloten und sich auch mit der Frage beschäftigen, die in der Bundesrepublik Deutschland immer mehr Menschen umtreibt: Wie konnten normale, unbescholtene Bürger, Leute wie du und ich, zu Tätern und Verbrechern werden?

Es ist jetzt dreißig Jahre her, aber was sind schon dreißig

Jahre? Täter und massenhaft Mitläufer leben noch immer inmitten der Gesellschaft, die Vergangenheit ist noch lange nicht vergangen.

Die Antwort der nach 1945 Geborenen auf das Schweigen, mit dem die Eltern und Großeltern den Fragen nach Schuld und Mitschuld auswichen, bestand in den Sechzigerjahren darin, traditionelle Werte wie Disziplin, Pflichterfüllung und harte Arbeit infrage zu stellen – genau das also, woran die älteren Generationen festhielten. Die erstarrte Gesellschaft brach auf, neue Energien wurden freigesetzt. Individualität galt in der Bundesrepublik der Siebziger nun nicht mehr als Gefahr und Bedrohung. Männer mit langen Haaren und Frauen mit kurzen Röcken sind keine Aufreger mehr, etwas erleben zu wollen ist nicht mehr grundsätzlich verpönt und verdächtig. Die deutsche Gesellschaft hat sich an vieles gewöhnt, was vor Kurzem noch undenkbar, ja schockierend war, sie lässt Neues nicht nur zu, sondern beginnt sich auch dafür zu interessieren. Der gesellschaftliche Umbruch lässt sich nicht mehr aufhalten.

Als am 12. März 1976 der Film *Verlorenes Leben* mit Marius Müller-Westernhagen und Gerhard Olschewski in den Hauptrollen (und Katrin Schaake in einer kleinen Nebenrolle) in den Kinos anläuft, sind die Filmkritiker verblüfft. Kannten sie Marius Müller-Westernhagen bislang als recht interessanten Fernsehdarsteller und jungen Musiker, so erleben sie ihn hier erstmals als souveränen Charakterdarsteller, der es schafft, den Spitzel und Verräter in all seinen Facetten und Widersprüchen so glaubhaft und präzise zu verkörpern, dass die Kritiker ihm eine große Schauspielerkarriere vorhersagen. Nur ein halbes Jahr später, im November 1976, wird *Sladek oder Die Schwarze Armee* im Fernsehen ausgestrahlt. Auch hier spielt er den vielschichtigen Charakter des opportunistischen Jungfaschisten so überzeugend, dass die Filmkritiker erneut voll des Lobes sind. Die *Süddeutsche Zeitung* schreibt: »Marius Müller-Westernhagen entwickelt die verworrene Denkart dessen, der sein Fähnlein nach dem Wind dreht, exakt und einprägsam.« Publikum, Kritiker und Regisseure sind auf Marius Müller-Westernhagen als Charakterdarsteller aufmerksam geworden.

Er selbst spielt derweil weiter auf seiner Gitarre, textet, komponiert, füttert die Katze, die er sich zusammen mit Katrin angeschafft hat, und geht runter zu Udo, der inzwischen auch am Mittelweg eingezogen ist, weil die Wohnung unter Marius und Katrin frei geworden war.

Und er liest Drehbücher, die ihm regelmäßig zugeschickt werden – auch das Drehbuch für einen Fernsehfilm von einem ihm bis dahin völlig unbekannten Autor: Matthias Seelig. Das Projekt wird zwar durch das Kuratorium junger deutscher Film unterstützt, ist aber noch unterfinanziert. Der WDR zögert, und die Drehorte Recklinghausen, Herne und Wanne-Eickel klingen nicht gerade nach Hollywood.

Er beginnt eher lustlos zu lesen – und ist aber schon nach wenigen Minuten elektrisiert. Das Zockermilieu des Ruhrpotts ist genau getroffen, die Story fabelhaft, die Hauptfigur, ein sympathischer Underdog namens Theo Gromberg, ist lebendig und stimmig. Als Marius das Drehbuch zuklappt, ist ihm klar: Das ist ein Angebot, das er nicht ausschlagen kann und nicht ausschlagen will.

Erst später erfährt er beiläufig, dass für die Rolle des Theo ursprünglich ein ganz anderer, eher bulliger, kräftiger Typ gedacht gewesen war und man lange nach dem passenden Schauspieler gesucht hatte, bis die zündende Idee von der Ehefrau des Regisseurs Peter F. Bringmann, Gabi Kubach, kam. Selber Regisseurin, hatte sie einen guten Blick und sah als Erste den schlaksigen Schauspieler Marius Müller-Westernhagen in der Rolle des Theo. Ihr Mann ist zunächst nicht überzeugt, aber dann versteht er, spätestens als Marius einen LKW rückwärts in eine Garage rangiert. Bald sind auch alle anderen Beteiligten von der Idee hingerissen. Und Marius enttäuscht sie nicht mit seiner Verkörperung von Theo Gromberg, dem eigenwilligen, an der Realität vorbeilebenden Mann, den Marius mit hundertprozentigem Ernst spielt, was die Figur so urkomisch wie interessant und liebenswert macht.

Am 13. Februar 1977 um 20.15 Uhr läuft *Aufforderung zum Tanz* in der ARD. Sechs Millionen Menschen lernen diesen Theo Gromberg kennen und lieben – und sie wollen wissen, wie es mit ihm weitergeht. Die Story und der Titelheld bieten genug Stoff für eine Fortsetzung und ein neues Abenteuer. Aber bevor darüber entschieden wird, steht Marius Müller-Westernhagen für einen anderen Kinofilm vor der Kamera, in dem er einen Bankräuber spielt.

Die Dreharbeiten für *Das zweite Erwachen der Christa Klages* sind für ihn insofern eine Premiere, als er bis dahin beim Film zwar schon oft und regelmäßig in der Kostümabteilung und in der Maske mit Frauen zusammengearbeitet hat, aber noch nie hat ihm eine Frau Anweisungen gegeben, wie er als Schauspieler zu agieren hat. Margarethe von

Trotta ist die erste. Die 35-Jährige, die vorher in 25 Filmen selbst als Schauspielerin – ausnahmslos unter der Regie von Männern, darunter Fassbinder und Schlöndorff – mitspielte und einmal Co-Regisseurin war, führt erstmals Regie. In der Bundesrepublik ist etwas in Bewegung gekommen. Und von Trotta wird zusammen mit mehreren prominenten Frauen die von Alice Schwarzer initiierte Klage gegen das Magazin *Stern* und seine sexistischen Titelbilder unterstützen. Die Frauenbewegung, die Anfang der Siebziger Schwung aufgenommen hat, bewirkt mittlerweile in den Köpfen der Menschen langsam ein Umdenken und wird einmal etwas erreichen, das im Jahr 1977 noch völlig undenkbar ist: dass eine gewisse Angela Kasner, Studentin in Leipzig, die gerade kurz davor steht, ihren Studienkollegen Ulrich Merkel zu heiraten, in dreißig Jahren die erste Bundeskanzlerin Deutschlands und die mächtigste Frau der Welt sein wird.

Während Marius Müller-Westernhagen für Margarethe von Trotta vor der Kamera steht, versetzen die Anschläge der Terroristen der Roten Armee Fraktion die Bevölkerung in Angst und Schrecken. Am 7. April 1977 wird in Karlsruhe der Generalbundesanwalt Siegfried Buback von einem Motorrad aus in seinem Auto erschossen, am 30. Juli 1977 wird der Vorstandssprecher der Dresdner Bank, Jürgen Ponto, von den RAF-Terroristen in seinem Privathaus in Oberursel ermordet. Zu Beginn des sogenannten Deutschen Herbsts wird am 5. September 1977 in Köln der Arbeitgeberpräsident Hanns Martin Schleyer entführt, sein Fahrer und drei Polizeibeamte ermordet. Die Kidnapper fordern die Freilassung von elf inhaftierten RAF-Mitgliedern. Am 13. Oktober 1977 entführen Terroristen die Lufthansa-Maschine Landshut, ermorden den Piloten und fordern ebenfalls die Freilassung der inhaftierten RAF-Terroristen. Die Regierung unter Helmut Schmidt geht auf die Forderungen nicht ein, lässt die Maschine im ostafrikanischen Somalia auf dem Flughafen von Mogadischu von der Spezialeinheit GSG 9 stürmen, wobei alle Geiseln unverletzt befreit werden können. In der Folge nehmen sich die Anführer der RAF im Gefängnis von Stammheim das Leben.

Die Regierung von Helmut Schmidt erlässt wegen des Terrors weitreichende Gesetze, die ein hartes Durchgreifen der staatlichen Sicherheitskräfte ermöglichen. Vielen Bürgern gehen die Gesetze und ihre Handhabung aber zu weit. Sie befürchten eine Umkehrung der Verhältnisse und dass die Gesellschaft, die doch vor dem Terror geschützt werden soll, vom Staat selbst terrorisiert werden könnte.

Auch Marius Müller-Westernhagen sieht diese Gefahr und schreibt darüber den Song *Grüß mir die Genossen:*

Neulich, sechs Uhr früh, tritt man mir die Tür ein
Ich spring aus dem Bett, da stürmt die Polizei rein
Los, stellen Sie sich an die Wand, man hat Sie erkannt
Ein Nachbar rief uns an: Sie sind ein Sympathisant
Ich sag: Das muss ein Irrtum sein, ich bin doch bloß
    ein Bürger
Doch die pflügen mir die Wohnung um, als wäre ich
    ein Würger

In dem großen grünen Wagen darf ich dann mitfahren
Ich frag noch mal: Wieso? – Das werden Sie schon erfahren
Im Präsidium dann Verhöre – ich weiß von nichts, ich schwöre
Da brüllt mich einer an, dass ich die Ordnung störe
Morgen kommt Ihr Anwalt, jetzt bleiben Sie erst mal hier
Sie kriegen ein schönes Einzelzimmer, Zelle Nummer vier

Irgendwelche Verrückte entführ'n in dieser Nacht dann
Einen Düsenjet und legen sich mit Helmut an
Mein Anwalt darf nicht kommen, die Sicherheit geht vor
Da lieg ich nun auf Eis und quatsche meine Wand an
Nach Wochen stellt sich endlich raus, mein Nachbar ist bekannt
Der zeigt fast täglich Leute an, nach seiner Pensionierung wurd' er Denunziant

Wir tun nur unsere Pflicht, das Tor wird aufgeschlossen
Der Schließer sagt noch grinsend: Grüß mir die Genossen
Eines wird mir klar, wenn irgendjemand schreit, Gesetze müssen her
Dem hau ich auf die Flossen
Ja, eines ist mir sonnenklar
Falls wir glauben sollten
Terror könnt' man durch Terror bremsen
Dann sind wir bald wieder so weit

Vom Generationenkonflikt der 68er-Bewegung geprägt, ist Marius Staat und Regierung gegenüber aufmerksam und kritisch. Dass er irgendwann einmal mit einem Bundeskanzler befreundet und sogar zu dessen Beraterkreis gehören wird – zu diesem Zeitpunkt völlig undenkbar.

Im Frühjahr 1978 schreibt er weitere Songs für seine nächste Platte, es ist die vierte. Aber er will grundsätzlich etwas anders machen als bisher. Er will gradlinigen Rock und Blues und Rhythm and Blues. Er will Musik, die er wirklich fühlt. Ende dieses Jahres wird er dreißig, er möchte keine Kompromisse mehr machen.

Die Plattenfirma aber bleibt stur. Siggi Loch und seine Plattenmanager halten an ihren Vorschlägen fest und wollen auch das nächste Album von Marius Müller-Westernhagen genau so produzieren wie die ersten drei. Unter ihrer Kontrolle sollen helfende Hände dem Künstler bei Komposition und Textarbeit unter die Arme greifen und ihn behutsam in die richtige Richtung lenken. Für die Produktion stellt man sich wieder die Arrangements von Hesslein oder Ähnliches vor. Das vermitteln sie Marius noch mal klar und deutlich.

In diesen Tagen denkt er oft an früher, die Anfänge in Düsseldorf, an die Musik, die seine Bandkollegen und er so liebten. Wie frei sie doch waren, auch wenn sie kaum Geld hatten und ihr Erfolg überschaubar war. Aber wie oft waren sie damals glücklich? Und wie fühlt er sich dagegen jetzt?

Er muss sich genau überlegen, ob er den Aufstand proben und riskieren soll, am Ende ganz ohne Plattenvertrag dazustehen. Noch fehlt ihm dazu der Mut.

Marius zieht sich in seine Wohnung zurück und schreibt

einen wehmütig wütenden Song, mit dem er unbewusst eine Linie überschreitet, hinter die keiner mehr zurückkann, vor allem er selbst nicht. Den neuen Song nennt er: *Mit 18.*

> Mit 18 rannt ich in Düsseldorf rum
> War Sänger in 'ner Rock-and-Roll-Band
> Meine Mutter nahm mir das immer krumm
> Ich sollt was Seriöses werden
>
> Wir verdienten vierhundert Mark pro Auftritt
> Für 'ne Rolling-Stones-Kopie
> Die Gitarren verstimmt, doch es ging tierisch los
> Und wir hielten uns für Genies
>
> Ich möcht zurück auf die Straße
> Möcht wieder singen, nicht schön, sondern geil und laut
> Denn Gold find't man bekanntlich im Dreck
> Und Straßen sind aus Dreck gebaut
>
> Ja, nach jedem Gig zum Hühner Hugo
> Dort verfraßen wir unser Geld
> Was soll man schon machen mit den paar Mark
> Ich hab 'nen Verstärker bestellt
> (…)
>
> An Mädchen hat es uns nie gemangelt
> Auch ohne dickes Konto
> Wir kratzten den letzten Dope zusammen
> Dann flogen wir ab nach … wohin du willst
> (…)

Jetzt sitz ich hier, bin etabliert
Und schreib auf teurem Papier
Ein Lied über meine Vergangenheit
Damit ich den Frust verlier
(...)

Ich möcht zurück auf die Straße
Möcht wieder singen, nicht schön, sondern geil und laut
Denn Gold find't man bekanntlich im Dreck
Und Straßen sind aus Dreck gebaut

28

AUF DEM WEG zu unserem vereinbarten Treffen braut sich am Berliner Himmel ein Unwetter zusammen. Der Platzregen kommt so plötzlich und heftig, dass die Leute auf den Straßen zu rennen beginnen.

Völlig durchnässt klingle ich bei Marius an der Pforte. Als ich aus dem Fahrstuhl steige, sehe ich in der offenen Wohnungstür ein aufgespanntes, riesiges weißes Handtuch, darüber etwas Kopf und an den Seiten zwei Hände.

»Ich hoffe, du hast dich nicht erkältet«, sagt Marius und bietet ein trockenes T-Shirt oder einen Hoodie an, wie er ihn auch selbst trägt.

Im Wohnzimmer liegt eine abgegriffene Schallplattenhülle auf dem Tisch. *Hamburger-Szene* aus dem Jahr 1974, eine Sammlung von Songs verschiedener Interpreten, darunter *Marion aus Pinneberg* von Marius Müller-Westernhagen.

Eine Freundin, berichtet er, habe die Scheibe auf dem Flohmarkt gefunden und vor ein paar Tagen vorbeigebracht. Die Platte, bald fünfzig Jahre alt, hat er natürlich früher auch selbst besessen, aber sie ist in den Jahrzehnten irgendwann verloren gegangen. Auf der Rückseite sind Schwarz-Weiß-Fotos mit den Namen der Interpreten und Bands abgedruckt: die Rentnerband (die sich nach der Rentnerband in Udo Lindenbergs Song *Andrea Doria* benannt hat), die Bill Brookers Jux Band (Billbrook ist ein Stadtteil von Hamburg), die Old Merry Tale Jazzband. Und dann sind da noch vier Schwarz-Weiß-Fotos der Einzelinterpreten: Gottfried Böttger, Willem, Helga Feddersen und Marius Müller-Westernhagen.

»Viele sind schon gestorben«, stellt Marius fest.

Auf dem Foto sitzt er – damals 25 Jahre alt – auf Treppenstufen, trägt ein kariertes Jackett und einen langen weißen Schal mit Fransen.

Er nimmt das Cover der Platte in die Hand. »Marion aus Pinneberg«, liest er auf der Rückseite den Titel seines Songs – und fügt hinzu, als würde er über eine alte Freundin sprechen: »Kommt jeden Samstag in die Stadt zum Tanzen. Wochenende, kleines Glück, Montag in den Job zurück.«

»Können wir den Song mal hören?«, frage ich.

Marius ist bereits auf dem Weg zum Plattenspieler, zieht die Scheibe mit dem gelben Label und der Aufschrift *Reprise Records, Sonderauflage Deutscher Schallplatten Club* heraus, legt sie auf den Plattenteller und platziert die Nadel. Kurz darauf ertönt der Song über Marion, die sich auf den Weg in die Stadt macht.

> (…)
> Samstag, Sonntag bist du frei
> Da ist dir alles einerlei
> Du liebst das
> Du spielst dann den großen Star
> Obwohl du weißt, das ist nicht wahr
> Du pfeifst drauf

Er sitzt auf dem Sofa, und während er zuhört, spielen seine Finger mit den Schlaufen seines Hoodies.

> Du nimmst den letzten Bus
> Schleichst in die Wohnung rein
> Damit dein Vater ja nichts hört
> Dir tun die Füße weh
> Du ziehst die Stiefel aus
> Morgen ist Sonntag
> Wie scharf, da schläfst du aus

»Bist du das?«, ruft Lindi aus der Küche herüber und schaut überrascht um die Ecke.

Marius nickt ihr kurz zu. »Eigentlich soll das ein Song mit Countrymusik sein«, erklärt er mir dann, »aber was die hier spielen, ist Rockabilly«, und lächelnd stellt er fest: »Der Sänger rast der Band davon. Und er klingt wie ein Kind.«

> Wochenende, kleines Glück
> Montag in den Trott zurück
> Wochenende, große Schau
> Montag, dein Gesicht ist grau

Nach 2:42 Minuten ist der Song vorbei.

»Ich liebe den Song«, sagt Lindi. »Von wem ist das Original?«

»Von mir«, sagt Marius. »Es ist einer der ersten, die ich geschrieben habe.«

Ich frage ihn, wann er den Song zuletzt gehört hat.

»Vor Jahrzehnten.«

»Und wie findest du ihn jetzt?«
»Furchtbar.« Er lacht.
»Wirklich?«
»Das Tempo ist zu schnell. Aber der Song entspricht dem Stand, auf dem wir damals waren. Es ist so, wie es ist.« Er lächelt zufrieden und nachsichtig – wie mit einem Kind.

Marion aus Pinneberg hat unter Fans Kultstatus, *Taximann* spielt Marius sogar noch heute manchmal auf seinen Konzerten, wohingegen die meisten Titel seiner ersten drei Alben weitgehend in Vergessenheit geraten sind.

Rückblickend, sagt er, hatte es durchaus sein Gutes, dass seine ersten Platten keine Riesenerfolge waren, ebenso wie, dass er jahrelang mit seinen wechselnden Bands mal vor größerem, mal vor ganz kleinem Publikum und auch vor fast leeren Zuschauerreihen gespielt hat. Ein ständiger Wechsel zwischen Erfolg und Enttäuschung.

»Ich habe über viele Jahre erlebt, dass es immer auf und ab geht, egal wie hoch du kommst.«

Als für ihn später dann tatsächlich der ganz große Erfolg begann, war er vorbereitet. »Mit achtzehn weißt du nicht, was wirklich wichtig ist«, sagt er, »und hast keine Ahnung, wie zynisch die Musikindustrie sein kann. Und wie sehr du ihr ausgeliefert bist, wenn du dich und deine Vorstellungen nicht durchsetzen kannst.«

29

SO ETWAS IST DEM PLATTENBOSS SIGGI LOCH noch nicht passiert. Da kommt ausgerechnet der 29-jährige Marius Müller-Westernhagen nach drei kommerziell nur mäßig erfolgreichen Platten in sein Büro geplatzt und stellt, kurz bevor es für die vierte LP ins Studio gehen soll, Forderungen auf, als wäre er sonst wer: Er will die totale künstlerische Freiheit, sich von niemandem mehr dreinreden lassen, weder von Siggi Loch noch von Peter Hesslein oder sonst wem, und er will es auch schriftlich fixiert haben, und zwar sofort. Sonst, droht er, lässt er die Musik ganz sein.

Siggi Loch hört sich das alles an und überlegt, ob er den Künstler nicht hochkant aus seinem Büro werfen sollte. Andererseits: Die Wut und die Chuzpe von Marius und sein unbedingter Wille, diesen und keinen anderen Weg gehen zu wollen, beeindrucken ihn. Also gut. Marius Müller-Westernhagen soll bei seiner nächsten LP mal alles genau so machen, wie er es will.

Nachdem der Musiker sein Büro verlassen hat, sieht Siggi Loch von seinem Fenster aus, wie er mit Freudensprüngen unten aus dem Gebäude tanzt. Später einmal wird Siggi Loch sagen, dass diese Entscheidung, Marius Müller-Westernhagen sein Vertrauen zu schenken und auf ihn zu setzen, eine der besten seiner Karriere war.

Zunächst darf Marius sich unter einer kleinen, von Siggi Loch vorgeschlagenen Auswahl einen neuen Produzenten aussuchen und entscheidet sich für den 35-jährigen Lothar Meid, Musikproduzent und Bassist der Band Amon Düül II. Zu dem Mann hat er sofort einen guten Draht. Lothar Meid wiederum schlägt für die Produktion einige Musiker vor, die Marius allesamt gut gefallen. Jetzt muss noch das richtige Studio gefunden werden. Für den Neuanfang möchte er in ein Studio mit einem anderen Spirit, und es muss auch nicht in Hamburg sein. Aber das hat noch ein wenig Zeit.

Er nutzt sie, um weitere Songs für das neue Album zu schreiben. Oft muss er lange an Texten feilen, manchmal jedoch sind sie unvermittelt da. Zum Beispiel der Text für eine bestimmte Rockkomposition. Eines verregneten Tages, als Katrin gerade für Dreharbeiten verreist ist, schaut er am Nachmittag, als er sich in der Küche einen Kaffee macht, aus dem Fenster der kleinen Wohnung am Mittelweg, und plötzlich ist sie da – die Zeile, auf die er gut weiter assoziieren kann: »Draußen ist es grau.«

Mit einem Block und einem Stift setzt er sich auf sein Bett, lehnt sich an und beginnt zu schreiben. Ja, er kann fast zusehen, wie der Text sich von selbst schreibt: »Draußen ist es grau, ich sitz mit dir hier blau, ob ich mir ein Küsschen klau, nun lass das doch, du alte Sau.« Der Text endet mit: »Liebling, lass uns tanzen, hast du noch 'nen Pfefferminz? So, und nun gib mir 'nen Kuss, mit Pfefferminz bin ich dein Prinz.«

Und so nennt Marius dann auch diesen neuen Song: *Mit Pfefferminz bin ich dein Prinz.*

Ein weiteres Lied entsteht in diesen Tagen. *Johnny Walker* lautet sein Titel – und es wird ein unendlich trauriger Song über die Zerstörung aller Lebensträume, über das Ende aller Hoffnung.

Das Stück ist vielleicht auch so etwas wie ein Abschiedslied an seinen Vater. Ein Lied, in dem der Sohn seinem Vater, trotz allem, was passiert ist, seine immerwährende Liebe versichert, weil er dessen Not und Flucht in den Alkohol jetzt, da er selber älter wird, besser versteht und ihm verzeihen kann. Und weil die Versöhnung etwas ist, das sie beide dann auch wieder vereint.

> Johnny Walker
> Jetzt bist du wieder da.
> Johnny Walker
> Ich zahl dich gleich in bar
> Johnny Walker
> Du hast mich nie enttäuscht
> Johnny
> Du bist mein bester Freund
>
> Johnny Walker
> Immer braun gebrannt.
> Johnny Walker
> Mit dem Rücken an die Wand.
> Johnny Walker
> Komm, gieß dich noch mal ein
> Johnny
> Lass dreizehn grade sein

Ich hab's versucht
Ich komme ohne dich nicht aus.
Wozu auch
Du gefällst mir ja.
Kein Mensch hört mir so zu wie du.
Johnny
Du lachst mich auch nie aus

Johnny Walker
Ich glaub nicht an den Quatsch.
Johnny Walker
Du wärst 'ne Teufelsfratz.
Johnny Walker
Von mir aus röste mich.
Johnny
Ich fühl mich königlich

Ich hab's versucht
Ich komme ohne dich nicht aus …

Johnny
Du bist mein bester Freund

Ungewollt hat Marius mit dem Song die vermeintliche Lösung gleich mitgeliefert: Johnny Walker, harter Stoff mit hübschem Namen. Eine Dröhnung für alle. Dass der Sinn des Songs verdreht wird und nicht als Warnung, sondern im Gegenteil als Hymne für das Trinken verstanden wird, ist eine Ironie der Geschichte, die Marius lange beschäftigen wird. Der Song wird zu einem Schunkelliebling der Massen.

Aber das ist alles noch lange hin. Jetzt muss das Stück, das noch niemand kennt, erst einmal aufgenommen werden.

Marius hat sich inzwischen entschieden: Er möchte in die Musicland Studios in München – nicht nur wegen der hervorragenden technischen Möglichkeiten, die es dort gibt, sondern auch wegen der Künstler, die dort schon vor ihm gearbeitet haben und deren Arbeit er über alles schätzt. Die Rolling Stones haben hier erst kürzlich Songs für ihr Album *Black and Blue* produziert, davor das Album *It's Only Rock'n'Roll*. Auch Led Zeppelin haben hier gearbeitet, Elton John ist schon angemeldet.

Das Studio ist teuer und Marius Müller-Westernhagen noch längst kein Star, der von seinem Plattenboss unbegrenzt Geld zur Verfügung gestellt bekommt. Siggi Loch ist dennoch ausnahmsweise bereit, auch für das Studio in München zu bezahlen, aber nur wenige Tage. Das muss reichen.

Es ist eine bunte Truppe von Figuren, die Marius schreibend in die Welt gesetzt hat und mit der er sich auf den Weg nach München macht. Neben dem Trinker und besten Freund Johnny Walker sind da der dürre Hering, der froh ist, kein Dicker zu sein, Klaus, der sein Leben verpasst, der Hehler Willi Wucher, der selbstgefällige Zuhälter und seine Prostituierte Margarethe – und der sehnsüchtige Schwule, der zwischen zwei Lieben hängt. Die Songs sind wie Kurzgeschichten, mit Charakteren vom Rande der Gesellschaft in der Hauptrolle. Noch existieren diese Figuren nur auf Papier, aber in wenigen Tagen werden die Musiker, wie Hebammen, helfen, sie auf die Welt zu bringen.

Die Band trifft sich in München zum Aufwärmen in einem Proberaum und spielt einfach drauflos. Alle fühlen sich frei und spielen puren, unpolierten Rock'n'Roll. Mit diesem Spirit geht es dann drüben bei den Aufnahmen in den Musicland Studios unter dem Arabellahaus in München-Bogenhausen weiter.

Kein Gedanke an morgen oder gestern, nur die Musik zählt. Es ist, wie Marius es von früher kennt, als er mit achtzehn Sänger einer Rock-'n'-Roll-Band war. Zwölf Jahre später und mit bald dreißig erlebt er zum ersten Mal, wie seine eigene Musik von einer professionellen Band genau so gespielt wird, wie er es möchte. Es passieren kleinere Fehler, jemand verspielt sich, rutscht mal ab, aber Marius, sonst immer der Perfektionist, findet es egal, denn es kommt so viel rüber wie noch nie.

Die fertigen Aufnahmen, die er nach Hamburg mitnimmt, sind rau und haben technische Makel, aber es wird nicht wie bei den vorigen Platten geglättet und verfremdet. Mit seinem neusten Album, das er wie den Song *Mit Pfefferminz bin ich dein Prinz* nennt, hat Marius Müller-Westernhagen seinen Stil gefunden.

Jetzt fehlt nur noch das richtige Cover. Marius schwebt eine Szene mit den Figuren aus den Songs vor, die fotografisch festgehalten werden müssten, und er fragt den Kameramann Michael Ballhaus. Ihn kennt er durch die gemeinsame Arbeit bei dem Fernsehspiel *Der Gehilfe* nach einem Roman von Bernard Malamud unter der Regie von Ludwig Cremer.

Michael Ballhaus, der später u. a. mit Regisseuren wie Martin Scorsese und Francis Ford Coppola arbeiten wird, findet Marius' Idee einleuchtend. Für das Plattencover inszeniert er eine Kneipenszene, mittendrin der Sänger in

Jeans und Lederjacke, als wäre der eben erst hineingeraten. Was er vorhat, kann man nicht erkennen, vielleicht weiß er es selbst nicht. Eindeutig ist nur die Einladung an den Betrachter, ihm in seine Welt zu folgen, ihm näherzukommen, auch wenn der Blick sagt: Komm mir aber nicht zu nahe. Es ist die Haltung, die den Künstler Marius Müller-Westernhagen später bei seinen Auftritten und vielleicht auch überhaupt ausmacht: In der Distanz kommt er den Menschen nahe, in der Nähe ist er distanziert.

*

Im Sommer steht er für den Fernsehfilm *Der Tote bin ich* vor der Kamera, eine bissige Satire auf die Zustände in der Bundesrepublik nach dem umstrittenen Radikalenerlass, bei dem nicht nur Bewerber für den Staatsdienst einer genauen Überprüfung ihrer Gesinnung unterzogen werden, sondern auch deren Freunde und Angehörige. Die Einstellung dahinter entlarvt einen vom Misstrauen gegen die eigenen Bürger getriebenen Staat, der umgekehrt viele seiner Bürger, vor allem die jüngeren, misstrauisch und wütend macht.

Marius kann sich gut in die Rolle des jungen Lehrers Stefan Schröder einfühlen, der, vom Staat unter Verdacht gestellt, eine Paranoia und schließlich schizophrene Züge entwickelt. Er sagt sofort zu, als die Anfrage von Alexander von Eschwege kommt, der als Schauspieler und Co-Regisseur bereits mit Volker Schlöndorff, Alexander Kluge und Margarethe von Trotta zusammengearbeitet hat.

Inzwischen spielt Marius Müller-Westernhagen in politisch und psychologisch komplexen Filmen ebenso wie in Literaturadaptionen und in Komödien mit. Nachdem sie ihn schon für die Rolle des Theo Gromberg empfohlen hatte, besetzt die Regisseurin Gabi Kubach ihn für ihre Komödie *Geteilte Freude,* in der sich zwei Freundinnen in denselben Mann verlieben und entscheiden, anstatt sich um ihn zu streiten, ihn einfach freundschaftlich miteinander zu teilen.

Im Herbst dieses Jahres steht für ihn ein besonderes Ereignis an, das ihn schon im Vorfeld elektrisiert. Am 30. Oktober 1978 erscheint die LP *Mit Pfefferminz bin ich dein Prinz.* Obwohl es Marius Müller-Westernhagens viertes Album ist, fühlt es sich an, als wäre es sein erstes.

Auch diese Platte verkauft sich, wie schon die Vorgänger-LPs, nur zögerlich. Erst mal. Aber diesmal bedrückt ihn das ohnehin nicht. Er hat das Gefühl, die Platte so wahrhaftig gemacht zu haben, wie es ihm möglich war. Damit hat er ein Fundament geschaffen, auf das er aufbauen kann.

ENERGIEN UND MAGISCHE ORTE

Es gibt für mich tatsächlich hoch energetische Orte. Das ist zum Beispiel eine der Präferenzen, die ich bei der Auswahl eines Studios, in dem wir aufnehmen werden, setze. Wer hat hier vorher gearbeitet? Welche Historie hat dieser Ort? Das mag in den Augen vieler Spinnerei sein, für mich ist das aber mit entscheidend. Ich bilde mir ein zu spüren, ob sich in einem Raum oder auch an einem Ort Inspiration und Kreativität einstellen, ob dort etwas entstehen kann. Ich brauche zum Arbeiten eine Umgebung, in der ich mich sofort wohlfühle, sicher, heimisch und geborgen. Ein solches Ambiente bezeichne ich vielleicht etwas übertrieben als magischen Ort.

Du nimmst seit einigen Jahren deine Alben in den USA auf, in NYC Asbury Park oder auch in Woodstock. Sind das für dich magische Orte?

Jedenfalls ist in all diesen Studios großartige Musik von außergewöhnlichen Künstlern gemacht worden. Dem fühlt man sich automatisch verpflichtet. Es erzeugt Demut.

Wie empfindest du die Atmosphäre in diesen Städten?

In Asbury und Woodstock versuchen die Stadtverwaltungen, den Geist dieser kleinen Städte zu bewahren, sich nicht kampflos den Regeln der menschenverachtenden Philosophie des amerikanischen Kapitalismus zu unterwerfen. In Asbury und auch in Woodstock habe ich jedenfalls keine McDonald's, Starbucks oder Kentucky Fried Chicken gefunden.

Lebt Larry Campbell nicht in Woodstock?

Seit vielen Jahren lebt er dort. Ich habe ihn mal gefragt, wie sicher es in Woodstock sei. Larry antwortete mir, dass man nachts sein Haus nur aus Angst vor den Bären verschließt, die es dort gibt und die den Häusern nachts gerne einen Besuch abstatten. Aber niemand hat Angst vor Einbrüchen oder gar Gewalt. In Woodstock würde nur einer klauen, und das sei ein junger Mann, der noch bei seiner Mutter lebt und den alle kennen. Wenn also irgendein Computer oder sonst irgendetwas fehlt, geht man zum Haus der Mutter und holt es sich zurück.

Wenn du bei Orten ein sicheres Gespür für Energien hast, wie ist es bei Menschen?

Man merkt ja bei Menschen – hoffentlich nicht zu spät –, ob sie dich positiv, negativ oder auch gar nicht erreichen. Es gibt ja tatsächlich Mitmenschen, die man einfach nicht ertragen kann. Und dann gibt es die, von denen man nicht genug bekommen kann.

30

DAS JAHR 1979 BEGINNT mit einer Einladung in die Sendung *Rockpop,* die seit einem Jahr monatlich im ZDF ausgestrahlt wird und eine Bandbreite von Rock, Folk und Punkmusik bringt, internationale Stars, aber auch deutsche Nachwuchskünstler.

Marius Müller-Westernhagens Gig am Samstag, 10. Februar 1979 ist nach dem Auftritt vor vier Jahren bei Ilja Richters *Disco* die erste TV-Performance des Rocksängers. Er trägt über dem weißen T-Shirt eine braune Lederjacke, eine goldene Halskette, Jeans und singt den Rocksong *Mit Pfefferminz bin ich dein Prinz* live. Am Ende macht er, wie schon beim Auftritt vor vier Jahren bei *Disco,* eine tiefe Verbeugung, die Arme nach hinten ausgestreckt, das linke Bein nach vorn, wie ein Schwan. Die Verbeugung wird später zu einem Markenzeichen am Ende seiner Konzerte werden.

Der Moderator Christian Simon – schwarzes Jackett, offenes Hemd über schwarzem T-Shirt – betritt die Bühne, Mikrofon an der Leine. Er reicht Marius einen Pfefferminzbonbon.

Christian Simon: *Dein Pfefferminz. Nimm gleich alles. Wir haben genug davon. Ist noch ein bisschen für Hamburg auf dem Rückweg.*

MWW: *(nach seinem Auftritt noch etwas außer Atem)* Danke.

Marius, deine vierte LP. *Einen Titel daraus haben wir gehört. Meine persönliche Meinung: Du hast gerade damit eine wahnsinnig starke Identität erreicht, die man eigentlich als Schauspieler schon länger von dir gewöhnt ist. Stimmt das?*

Ja, das liegt wohl daran, dass ich die ersten drei LPS mit einer Gruppe gemacht habe, die auch schon hier aufgetreten ist: Lucifer's Friend. Ich habe sehr viel dabei gelernt. Aber es war so, dass Lucifer's Friend immer mehr zu Jazz tendierte und ich immer mehr zu Rock und Blues und Rhythm and Blues, und dadurch waren dann die Platten fünfzig Prozent Lucifer's Friend und fünfzig Prozent Marius Müller-Westernhagen. Und diese LP ist einfach hundert Prozent Marius Müller-Westernhagen.

Das spürt man. Das spürt man, glaube ich, schon. Du hast früher eine Band gehabt, schon etwas länger her – in Düsseldorf.

Ja. Ich habe ungefähr zehn Jahre in einer Rock-'n'-Roll-Band gesungen.

Die Tingelei hat sich gelohnt, wenn man heute diese Musik hört. Nicht?

(amüsiert) Ich hoffe es!

Jetzt eine Frage, die dir bestimmt häufig gestellt wird: Wie verbindet man das eigentlich: Charakterdarsteller und Rock-'n'-Roll-Sänger?

Na ja, also für mich ist alles Rock 'n' Roll. Ich singe für alle, und ich spiele auch für alle. Und wenn man eins nach dem anderen macht, dann geht es.

Spielen ist ein gutes Schlagwort für mich. Ich habe den Eindruck, du spielst auch Rollen, wenn du singst. Auf der LP gibt es einen Zuhälter, einen Alkoholiker. Das klingt alles schon durchlebt. Spielt man, wenn man Schauspieler ist, auch ein Gesangsstück?

Na also, meine Stücke sind immer entweder Probleme, die ich im Augenblick habe, oder die Probleme, die fiktiv sind, und die verarbeite ich in meinen Nummern.

Ganz kurz zum Schluss. Deine Pläne für '79?

Ja, also, ich werde versuchen, live aufzutreten mit der Band. Und ab Mai kommt dann wieder Film.

Viel Film?

Reichlich.

*

Bevor es mit den Dreharbeiten losgeht, stellt sich heraus, dass die Verkäufe der *Pfefferminz*-LP fast unmerklich anziehen. Das mag auch daran liegen, dass der Song *Dicke* von einigen Radiosendern boykottiert wird und gerade dadurch eine mediale Aufmerksamkeit bekommt.

Was in der Gesellschaft an Gemeinheiten über dickleibige Menschen sonst nur hinter vorgehaltener Hand geflüstert wird, nimmt Marius Müller-Westernhagen im Song auf: »Dicke haben schrecklich dicke Beine, Dicke ham 'n Doppelkinn, Dicke schwitzen wie die Schweine, stopfen, fressen in sich 'rin, und darum bin ich froh, dass ich kein Dicker bin, denn dick sein ist 'ne Quälerei. Ja, ich bin froh, dass ich so'n dürrer Hering bin, denn dünn bedeutet, frei zu sein.«

Hier schreibt der Satiriker und hält der Gesellschaft einen Spiegel vor, die ihm wiederum vorhält, gemein zu sein und ein hässliches Bild zu produzieren. Hässliches Bild oder hässliche Gesellschaft – diese Frage wird auch in Zukunft bei Songs von Marius Müller-Westernhagen immer wieder aufgeworfen werden.

Auf den Auftritt bei *Rockpop* folgt zwei Monate später, am 10. April 1979, eine Einladung in die von Frank Zander und Helga Feddersen präsentierte Musik- und Comedysendung *Plattenküche*, die anfangs im dritten Programm des WDR und seit einem halben Jahr erfolgreich im ARD-Abendprogramm läuft und von Rolf Spinrads, Marius' altem Bekannten aus Kölner Zeiten, erfunden wurde.

Marius soll gleich zwei Songs (*Mit Pfefferminz bin ich dein Prinz* und *Dicke*) spielen. Wie es in der turbulenten Show üblich ist, wird der Auftritt des Künstlers oft durch einen vermeintlich unvorhergesehenen Zwischenfall unterbrochen: Irgendetwas fliegt auf die Bühne, das Licht geht plötzlich aus, der Regisseur geht mitten im Song einfach ins Bild und quatscht den Sänger an. Der Künstler sollte über gute Nerven und Improvisationstalent verfügen. Er hat beides und bringt seine Songs, beide nur halb ausgespielt, gut über die Bühne.

Der Auftritt hilft, Marius Müller-Westernhagen als Sänger bekannter zu machen, und die Verkäufe der Platte steigen weiter. Der eigentliche Erfolg entwickelt sich jedoch inzwischen wie von allein: Die Songs kommen bei den ganz jungen Leuten gut an, werden in den Diskotheken rauf und runter gespielt. Aber um auf Tour zu gehen – dafür sind die Verkaufszahlen noch zu niedrig und das Risiko, vor halbvollen Zuschauerreihen zu spielen, zu hoch.

*

Wie Marius Müller-Westernhagen es im Fernsehen schon angekündigt hat, steht er im Mai wieder vor der Kamera: Für den Fernsehfilm *Mosch* unter der Regie von Tankred Dorst. Es geht um einen Generationenkonflikt in den Aufbaujahren der Bundesrepublik, zwischen dem jungen Arno, der die Seifenpulverfabrik seines Großvaters übernimmt und vieles verändern will, gespielt von Marius Müller-Westernhagen, und dem langjährigen Prokuristen, dem alten Mosch, der darauf gehofft hatte, die Leitung der Firma zu übernehmen, und an allem Alten festhalten will, gespielt von Valter Taub. Im Laufe der ständigen Auseinandersetzungen, bei denen es vordergründig um die Firma geht, erwägt Arno, den Alten umzubringen. Der Mord erübrigt sich, als der alte Mosch eines natürlichen Todes stirbt, und Arno bleibt mit der beklemmenden Frage zurück, ob er tatsächlich imstande gewesen wäre, einen Mord zu begehen.

Mosch wird die letzte Fernsehproduktion sein, in der Marius eine Hauptrolle übernimmt.

Im Sommer steht er dann wieder als Theo Gromberg vor der Kamera, für die Fortsetzung des sehr erfolgreichen Fernsehfilms *Aufforderung zum Tanz*. Dasselbe Team um Autor Matthias Seelig und Regisseur Peter F. Bringmann will ein weiteres Abenteuer mit dem Antihelden Theo Gromberg realisieren. Dieses Mal wird Theo auf der Suche nach seinem geklauten LKW quer durch Europa geschickt. Der Titel des Films: *Theo gegen den Rest der Welt*. Eigentlich wollte Marius nie einen Charakter zweimal spielen, um nicht Gefahr zu laufen, ein Leben lang in derselben Figur gefangen zu sein. Deshalb ist seine Bedingung, dass es diesmal nicht ein Fernseh-, sondern ein Kinofilm sein muss, er will auf die große Leinwand. Ein Problem ist allerdings, dass sich kein Filmverleiher findet, der an einen möglichen Kinoerfolg glaubt.

Noch während der Dreharbeiten, die in Deutschland, der Schweiz, Belgien und Italien stattfinden, winken die großen Verleiher einer nach dem anderen ab. Pech hat die Filmcrew zudem mit dem Wetter, das in diesem Sommer verhältnismäßig viel Regen bringt. Die Dreharbeiten müssen teilweise schon in den ersten Tagen verschoben, Schauplätze zu einem späteren Zeitpunkt noch einmal aufgesucht werden, ein See, der im Film eigentlich in Frankreich liegt, wird in Italien ausgemacht, wo das Team inzwischen schon dreht. Sechs Hühner, deren Einsatz eigentlich für Szenen am Anfang der Dreharbeiten vorgesehen waren, müssen wochenlang mitreisen, weil ihre Szene erst später nachgeholt werden kann. Ein Flugzeug, das im Film eine Rolle spielt, muss notlanden, und unterwegs geht immer mal wieder das Geld aus, und neue Geldgeber müssen gefunden werden.

Marius schreibt in jeder freien Minute Ideen für neue Songs auf, entwickelt über den Sommer und vor allem nach der Rückkehr nach Hamburg im Herbst elf neue Lieder und nimmt bereits im Dezember 1979 die neue Platte wieder mit Lothar Meid als Produzent im Union Studio in München auf. Er mischt sie in den Tagen vor Weihnachten ab. *Sekt oder Selters* heißt das neue Album, das textlich wie musikalisch an die *Pfefferminz*-LP anschließt, all dessen Stärken aufgreift und sie weiter ausbaut. Wieder stehen präzise gezeichnete, höchst unterschiedliche Figuren mit ihren Gedanken, Ängsten und heimlichen Wünschen im Mittelpunkt. Die Platte soll in wenigen Wochen erscheinen.

Marius will den Schwung nutzen, der möglicherweise durch die *Pfefferminz*-LP entstanden ist, und bald auf Tournee gehen. Aber einige Leute raten ab, halten ihn zwar für einen guten Schauspieler, aber nicht für einen überzeugenden Rockmusiker. Sie stellen die Frage, ob Marius Müller-Westernhagen – Pfefferminz-Prinz hin oder her – mit seinen Liedern und Texten über Dicke, Schwule und Alkoholiker wirklich den Zeitgeist trifft und jemals wird Konzertsäle füllen können.

SCHAUSPIELEREI

Würdest du sagen, dass du ein guter Schauspieler gewesen bist?

So wie in der Erinnerung vieles zu Fiktion wird, so verklären mich Menschen zu einem fantastischen Schauspieler, je länger ich nicht mehr vor der Kamera stehe. In meiner Erinnerung gab es aber nur wenige Filme, in denen ich mit meiner schauspielerischen Leistung einigermaßen zufrieden war. Aber wann ist man schon zufrieden?

Welche Rollen fandest du am schwierigsten zu spielen?

Das schwierigste Genre ist für mich die Komödie. Es ist so viel leichter, Leute zum Weinen zu bringen, als auf intelligente und berührende Art und Weise zum Lachen. Ich habe immer wieder beobachtet, dass hochgeschätzte »ernsthafte« Schauspieler daran gescheitert sind, wogegen vorwiegend aus Komödien bekannte Darsteller in Dramen überzeugen können. Die ganz Großen beherrschen für mich beides.

Was macht einen guten Schauspieler aus?

Unbedingte Empathie und Verständnis für die Figur, die er zu spielen hat, egal wie die Figur charakterlich strukturiert ist. Wir sind alle durch unsere Kindheit und unser Umfeld geprägt. Es gilt, alle Farben des Charakters zu erkunden, um sie sichtbar machen zu können. Wie bei jeder künstlerischen Tätigkeit geht es auch hier nicht um dich selbst, sondern ausschließlich um das Bild, das du malst. Ich finde, der Satz: »Don't try to make it happen, let it happen«, trifft es ziemlich gut.

Bemerkt man als Schauspieler, egal ob vor der Kamera oder auf der Bühne, schon beim Spielen die Wirkung?

Ich glaube, ich spüre es, wenn das, was ich ausdrücken will, wahrhaftig wird. Du erreichst das natürlich nicht immer, aber wenn es passiert, bist du dir sicher, dass deine Energie jeden einzelnen Menschen im Publikum erreicht, und du spürst auch ihre Energien, sie gehen einen Dialog ein. Manchmal tut es weh, und manchmal erzeugt es in dir grenzenlose Liebe. Es fühlt sich an wie die vollkommene Ablösung vom eigenen Ego. Das klingt vielleicht nach Esoterik, aber so empfinde ich es in diesen Momenten.

War Regie mal eine Option für dich?

Es war lange Zeit ein Traum und ein Ziel von mir. Ich hatte bis ins fortgeschrittene Alter ein sehr fragiles Selbstbewusstsein. Das Gefühl, nicht gut genug zu sein, den Ansprüchen nicht zu genügen, verfolgte und quälte mich eine halbe Ewigkeit. Die Verantwortung für ein Filmbudget – zu der Zeit unvorstellbare Summen – erzeugte in mir fast unüberwindbare Ängste. Heute weiß ich, dass jede Chance, die ich in meiner Karriere nicht wahrgenommen habe, mit Versagensangst und mangelndem Selbstbewusstsein zu erklären ist. Es hat mich sehr, sehr viel Arbeit gekostet zu erkennen, dass meine Ängste selbstzerstörerisch und kontraproduktiv waren.

Aber wenn du ins Studio gehst und ein neues Album aufnimmst, hast du diese Angst nicht?

Früher schon. Ich konnte ohne einen Drink vorher nicht einmal im Studio singen. Ich kann das heute gar nicht mehr nachvollziehen, im Nachhinein finde ich das geradezu lächerlich und albern. Gott sei Dank habe ich das irgendwann auch durch die Inanspruchnahme einer Therapie in den Griff bekommen.

Unter welchen Umständen würdest du heute doch mal Regie führen?

Ich liebe es, mit Menschen zu arbeiten, ihnen die Angst zu nehmen und ihren Glauben an sich und ihre Möglichkeiten zu wecken. Sie so zu lenken und zu begleiten, dass sie sich trauen und bereit sind, das Beste aus sich herauszuholen. Das ist meine Vorstellung davon, wie man Schauspieler und auch Musiker inszeniert.

Warum hast du damals so radikal mit der Schauspielerei gebrochen?

Es mag dir radikal vorkommen. In Wirklichkeit war es ein Prozess. Ich war gelangweilt und unzufrieden mit mir selbst, mit den mir angebotenen Drehbüchern und auch damit, wie wenig Einfluss man als Schauspieler auf die Richtung nehmen kann, die ein Film einschlägt. In meiner Wahrnehmung brauchte man Schauspieler kaum mehr. Die Filme wurden in immer kürzeren Einstellungen wie ein MTV-Clip schneller und schneller geschnitten, die Möglichkeit, ein Gefühl oder einen Gedanken vor der Kamera zu entwickeln, war für mich nicht mehr gegeben. Ich fühlte mich ein wenig wie eine Requisite.

Hast du die Schauspielerei vermisst?

So, wie man lange eine vergangene Liebe vermisst.

31

ALS DAS NEUE ALBUM *Sekt oder Selters* am 29. Februar 1980 auf den Markt kommt, scheinen die Skeptiker, die in Marius Müller-Westernhagen eher den Schauspieler und weniger den Rockmusiker sehen, zunächst recht zu behalten. Die Verkaufszahlen sind ganz ordentlich, aber bei Weitem nicht außerordentlich, und durch die Decke geht gar nichts.

Während viele Konzertveranstalter noch zögern und abwinken, vertraut Karsten Jahnke mit seiner Konzertdirektion in Hamburg seinem Instinkt, hält den Zeitpunkt für gekommen und das Jahr 1980 für geeignet, Marius-Müller-Westernhagen im Herbst erstmals auf Tournee zu schicken.

Marius ist euphorisch. Elf Jahre ist es jetzt her, dass er zuletzt mit seiner Band Harakiri live auf der Bühne vor Publikum aufgetreten ist – mit dem Unterschied, dass sie 1969 ausschließlich die Songs anderer Bands in ihrem Repertoire hatten und er auf Englisch gesungen hat. Und dass die Leute sowieso vor allem nur eins wollten: tanzen.

Jetzt ist alles anders. Das Publikum soll sich nur wegen Marius Müller-Westernhagen auf den Weg machen und bereit sein, für das Erlebnis – seine Musik, seine Texte und seine Performance – Geld zu bezahlen. Er wird auf Deutsch seine eigenen Songs singen und viel von sich preisgeben. Diese Auftritte sind mit denen von früher absolut nicht vergleichbar, und neben der Euphorie wächst bei ihm auch die Nervosität. Er will nichts dem Zufall überlassen und beginnt bereits frühzeitig, im Abstellraum einer Münchner Tiefgarage mit seinen Musikern zu proben.

Zeitgleich beginnt der Konzertveranstalter mit den Planungen und setzt dabei auf Veranstaltungsorte mit Platz für bis zu tausend Gäste. In diese Kategorie fallen die Markthalle in Hamburg, das Ball Pompös in Kiel, der Mozart-Saal in der Liederhalle Stuttgart, der Robert-Schumann-Saal in Düsseldorf, der Eltzer Hof in Mainz, das Audimax in Bielefeld, die Hochschule der Künste in Berlin. Neunzehn Konzerte stellt Jahnke auf die Beine. Die Tour soll am 22. September 1980 in Hagen beginnen. Fast jeden Tag ist ein Konzert geplant, nur der 5. Oktober ist ausgenommen. An diesem Sonntag wird in Deutschland ein neuer Bundestag gewählt. Gegen den amtierenden SPD-Bundeskanzler Helmut Schmidt schicken die Unionsparteien den CSU-Vorsitzenden Franz Josef Strauß ins Rennen. Marius nimmt sich vor, bei seinen Konzerten gegen den Mann aus Bayern mobilzumachen.

Die Vorzeichen für die Tournee stehen gut: Der Kartenverkauf läuft besser als erwartet, auch die beiden Platten, *Mit Pfefferminz bin ich dein Prinz* und *Sekt oder Selters*, gehen jetzt immer öfter über den Ladentisch.

Auch von seinem Kinofilm-Projekt gibt es gute Nachrichten. Nach vielen Gesprächen und großer Überzeugungskunst seitens der Produzenten und des Regisseurs hat sich schließlich doch ein Verleiher für den Film *Theo gegen den Rest der Welt* gefunden. Beim Filmverlag der Autoren ist man bereit, das Wagnis einzugehen, und die Macher wären schon zufrieden, wenn wenigstens die Produktionskosten (die mit 1,9 Millionen relativ niedrig ausgefallen sind) eingespielt würden.

Der Filmstart für *Theo gegen den Rest der Welt* wird auf Donnerstag, den 25. September festgesetzt. Die Premiere soll zwei Tage vorher in Herne stattfinden.

Dass die Kinopremiere mit dem Tourneebeginn kollidiert und der Hauptdarsteller am Abend des 23. September als Musiker in Hannover auf der Bühne stehen muss, war so nicht geplant, ist nun aber nicht mehr zu ändern. Und auch nicht so schlimm, es handelt sich ja nicht um einen Hollywood-Blockbuster, sondern um eine Low-Budget-Produktion, die wohl weitgehend unter dem Radar fliegen wird. So denkt man.

Anstatt des Hauptdarstellers Müller-Westernhagen wird wenigstens ein anderer wichtiger Darsteller des Films vor Ort sein: Der originale 38 Tonnen schwere Schnauzen-LKW, ein Volvo N 12, wird in Herne vorfahren und für ein paar Tage in der Nähe des Kino Lichtburg geparkt bleiben.

Am Dienstag, 23. September 1980, um 20 Uhr ist es so weit. Marius Müller-Westernhagen tritt an zwei Orten gleichzeitig auf: in der ausverkauften Lichtburg in Herne auf der Leinwand als Theo Gromberg – und 227 Kilometer entfernt in Hannover im Theater am Aegi als Rockmusiker.

Die Tickets, die im Vorverkauf 15 DM kosteten, hätten an der Abendkasse 17 DM gekostet, aber da gab es schon längst keine mehr. Fast unbemerkt hat sich in den letzten Monaten eine Riege junger Fans gebildet, die die Alben *Pfefferminz* und *Sekt und Selters* lieben und die nun den Sänger live erleben wollen. Schon vor Beginn der Tournee ist die Hälfte der Konzerte ausverkauft. Nicht nur im Theater am Aegi ärgert man sich, dass für das Konzert nicht gleich der größte Saal vorgesehen wurde.

Der Kritiker der *Hannoverschen Allgemeinen Zeitung* schreibt über das Konzert: »Dass Marius Müller-Westernhagen zum ersten Mal als Sänger mit einem ausgezeichneten Ensemble im Rücken auf der Bühne steht, merkt man ihm an. Von Routine keine Spur. Die Unsicherheit ist spürbar. Wenn der dünne Hering, der in einem Lied den Dicken selbstbewusst den Marsch bläst, das Mikrofon nebst Ständer schwungvoll über die Bühne zieht, schaut er vorsichtig zurück, ob da nicht etwas zu Bruch geht. Solche Stimmung hat das Theater am Aegi nur selten erlebt. Stehend klatschend und tanzend jubelt sich das Volk locker über die Runden, bis dann doch das Lied *Johnny Walker* kommt und der Musiker endgültig geht. Marius Müller-Westernhagen gehört zu jenen Sängern, denen man ihre Texte gerade deshalb abnimmt, weil sie so rau und so ungeschliffen ausfallen und weil er nicht lange und schon gar nicht um den heißen Brei herumredet. Da singt jemand grundehrliche Lieder, erzählt Geschichten, die sehr eng an die soziale Geografie des Ruhrgebiets geknüpft sind. Da wird unbefangen aus dem vollen Menschenleben geschöpft, Maloche, Kneipe, Feierabend, mal Suff und mal Frust, Träume von der großen Flatter, die sich nie erfüllen.«

Der *Spiegel* prognostiziert in seiner Ausgabe vom 28. September 1980, Marius Müller-Westernhagen würde zum Idol der Turnschuhgeneration werden. »Die Tournee macht deutlich, dass die Ära Udo Lindenberg so entbehrlich geworden ist, wie sie zur Entwicklung des Deutschrock einmal nötig war. Drummer Simon Crowe (sonst: Boomtown Rats) drischt klare Rhythmen auf dem Schlagzeug, Olaf Kübler brilliert mit seinem seelenvollen Saxofonspiel ohne überspannte Ambitionen, Sänger Westernhagen tut das, wofür er bezahlt wird: Er rackert sich ab.«

Auch die folgenden Konzertabende werden in überregionalen Zeitungen kommentiert. Die *Süddeutsche Zeitung* schreibt über das Konzert in München, Marius Müller-Westernhagen wirke nicht wie ein Schauspieler, der einen Rocksänger mimt, sondern: »Er ist Rock'n'Roll. Er ist es mit einer zupackenden, virtuos falsettierenden, keine Gossenpointe verschenkenden Stimme wie mit der unverblümten obszönen Körpersprache und dem rastlosen Hin- und Herrennen quer über die Bühne.«

Was die Begeisterung des zum größeren Teil jugendlichen Publikums betrifft, fragt sich die Zeitung, ob es daran liege, dass »einmal wieder ein Mitmensch vor ihnen steht, einer, der eigene Fehler zugibt, verletzlich ist, kein besserwisserisches Vorbild sein möchte – und eben deshalb zum Vorbild wird«.

Am 5. Oktober wählen die Bürger den neuen Bundestag und bestätigen Bundeskanzler Helmut Schmidt mit 42,9 Prozent in seinem Amt. Das reicht für die Fortsetzung der Koalition von SPD und FDP. Sein Herausforderer Strauß wird mit einem deutlichen Verlust von 4,1 Prozent und damit einem für die Union verhältnismäßig schlechten Ergebnis von 44,5 Prozent als Verlierer nach Bayern zurückgeschickt. Die große Überraschung ist aber eine Partei, die sich erst in diesem Jahr gegründet hat und sich DIE GRÜNEN nennt. Aus dem Stand bekommen sie 570 000 Stimmen und verpassen mit 1,5 Prozent zwar den Einzug in den Bundestag klar, aber dieser Achtungserfolg deutet auf eine möglicherweise größere Zukunft der Partei hin.

Marius Müller-Westernhagen ist mit dem Ergebnis der Wahl zufrieden. An diesem einen Abend hat er sich aus dem Tourneerausch rausgezogen, schon am nächsten Tag taucht er wieder ein. Das nächste Konzert ist in Mainz, dann geht es nach Berlin, wo der Kritiker des *Tagesspiegel* tags darauf schreibt, es habe ihn an die »Hysterie früherer Beatles-Zeiten« erinnert.

Wenn er in diesen Tagen im Tour-Bus von Stadt zu Stadt fährt, sieht er die Kinoplakate für den Film *Theo gegen den Rest der Welt,* auf denen er selbst abgebildet ist, und die immer länger werdenden Schlangen vor den Kinos. Er erlebt, dass die Leute nicht nur zu seinen Konzerten kommen, sondern ihn auch als Theo sehen wollen. Woche für Woche werden die Zuschauer in die Kinos strömen, nach einigen Monaten und über drei Millionen verkauften Tickets wird der Film *Theo gegen den Rest der Welt* nicht nur zum absoluten Kassenschlager, sondern zu einem der erfolgreichsten Kinohits in der Geschichte der Bundesrepublik werden.

Dass er über Nacht zum Mann der Stunde geworden ist, hat er selbst noch gar nicht richtig wahrgenommen. Jeden Abend steht er auf der Bühne, ist ganz bei seiner Musik, seinen Texten, der Magie des Konzerts. Das ist alles, was für ihn zählt.

Eines Abends, die inzwischen komplett ausverkaufte Tournee läuft auf ihr Ende zu, sitzt er wieder in seiner Garderobe. Gleich muss er raus, durch den neonbeleuchteten

Flur auf die Bühne. Er braucht wie vor jedem Konzert die stillen Minuten, um sich zu sammeln und sich bereit zu machen. In diesem Moment hört er in der Ferne ein Rufen. Es ist ein Chor, es sind die Stimmen der Fans. Seiner Fans.
Ma-ri-us!
Ma-ri-us!
Ma-ri-us!
Er schaut in den Spiegel. Und zum ersten Mal wird ihm klar, dass er sich mit den Geistern, die er rief, in Zukunft auseinandersetzen muss.

MUTTER

Es spielte in den Augen meiner Mutter nicht die geringste Rolle, ob ich ein erwachsener Mann war, mehr und mehr gesellschaftliche Akzeptanz und Anerkennung erfuhr und eine erfolgreiche Karriere durchlief. Für sie blieb ich immer der kleine zarte Junge, der ohne sie niemals etwas Vernünftiges auf die Beine stellen würde. Meine Arbeit hielt sie weder für seriös noch zukunftssicher. Ich sah mich oft mit der Frage konfrontiert, wie lange ich das noch machen wollte und wann ich mich endlich an einem Theater fest anstellen ließe. Den späteren Erfolg genoss und benutzte sie allerdings in vollen Zügen. Wenn sie bei der Behörde oder in einem Geschäft nicht bevorzugt behandelt wurde, fingerte sie eine meiner Autogrammkarten aus ihrer Handtasche und machte schamlos und sehr deutlich klar, dass sie meine Mutter ist ... Als mir diese Peinlichkeit zugetragen wurde, musste ich die Autogrammkartenquelle unter ihrem zornigen Protest versiegen lassen.

Wie hast du deine Mutter eigentlich genannt?

Als Kinder nannten meine Schwester Christiane und ich sie Mutti, als Erwachsene dann nur noch Lotti.

War sie streng?

Sie betonte von Zeit zu Zeit, dass sie aus einer Offiziersfamilie käme und ihr Vater Chefingenieur der U-Bootflotte unter Hermann Göring gewesen sei. Der Hitlergruß war angeblich in ihrem Elternhaus unter drastischer Strafandrohung strengstens verboten. Ihr Vater hielt Hitler für einen Vollidioten, erzählte sie mir. Jeden Tag musste Lotti mit sieben Geschwistern, Vater und Mutter pünktlichst um 19 Uhr am Abendbrottisch sitzen. Mit gerade durchgedrücktem Rücken und eng an den Körper angewinkelten Armen lernten sie die in diesen Kreisen noch sehr strengen Tischmanieren. Disziplin, Gehorsam, Treue, unbedingte Loyalität und Respekt gegenüber der Familie bestimmte die Jugend meiner Mutter und ihrer Geschwister. Eigentlich sind das alles für mich nachvollziehbare Werte, doch können sie auch der Kontrolle dienen. Ja, sie war eine strenge und starke Frau, doch trotz all ihrer Zweifel und Ängste, die meine Art zu leben in ihr auslösten, war sie eine Löwenmutter. Sie verteidigte mich mit Zähnen und Klauen und war immer bereit, mir zu helfen, selbst wenn es ihrer Ansicht nach jeglicher Vernunft widersprach. Als ich noch keinen Führerschein besaß, war sie sich auch nicht zu schade, unsere Verstärker im Kofferraum und auf den sorgsam abgedeckten Sitzen zu verstauen, um sie zu unserem nächsten Gig zu transportieren. Es kam auch vor, dass »klamme« Bandmitglieder von ihr über Monate mit durchgefüttert wurden und das, obwohl wir auch nicht gerade auf Rosen gebettet waren. War das Mutterliebe, oder war es die panische Angst, nach dem Tod ihres Mannes auch noch ihren geliebten Sohn zu verlieren? Ich weiß es nicht. Wahrscheinlich beides.

Wie hat sie auf deine erste Freundin reagiert?

Sie entwickelte eine geradezu krankhafte Eifersucht. Weil ich nächtelang mit meiner Angebeteten telefonierte, zerschnitt sie das Telefonkabel. Ich friemelte es einfach jede Nacht wieder zusammen. Ich habe immer noch das Bild vor meinem geistigen Auge, wie sie schreiend hinter meinem abfahrenden Wagen herlief, in dem meine Freundin und ich saßen. Es war schon fast bemitleidenswert.

Ist ihr mal die Hand ausgerutscht?

Als ich mich einmal zu Weihnachten undankbar zeigte, weil die Hose, die ich bekam, nicht die war, die ich mir gewünscht hatte, verdrosch sie mich so sehr, dass ihr Arm anschwoll. Meine Schwester traf es definitiv öfter in ihren Teenagerjahren. Trotzdem liebten und verehrten wir sie abgöttisch.

Wie ist deine Mutter später mit dem Ruhm ihres Sohnes umgegangen?

Er wurde ihr Lebensinhalt, nachdem sie noch beim ersten Betreten meiner Hamburger Wohnung ihre Tasche abstellte, sich ungläubig umsah und sagte: »Junge, kannst du dir das überhaupt leisten?« Außerhalb von Bühne oder Filmset ist mir die ständige Aufmerksamkeit für meine Person unangenehm. Ich habe es gehasst, dass, sobald »Publikum« vorhanden war, das einzige Gesprächsthema meiner Mutter ihr vergötterter Sohn war.

Als sie nicht aufhörte, wieder und wieder meine Autogrammkarten zu verlangen, fragte ich sie: »Lotti, reicht es dir denn nicht, dass ich dein Sohn bin?« Ihre Antwort war ernüchternd: »Nein.« Sie war halt genau wie ich und jeder andere ein Produkt ihrer Zeit.

Vielleicht hat sie gefunden, dass sie nach all den harten Jahren, in denen sie sich für ihren Sohn abgeschuftet hat, ein Recht auf Belohnung und Glanz hat?

Das mag schon sein. Ich weiß es nicht.

Vermisst du sie manchmal?

Wer würde seine Mutter nicht vermissen? Auch wenn wir unsere Probleme miteinander hatten, ich denke ausschließlich in Liebe an sie, auch wenn mein Vater einmal sarkastisch witzelte: »Ehre und liebe deine Mutter, solange sie lebt. In Leinen gebunden für fünf Mark sechzig, in Leder für neun Mark achtzig.«

Wie alt ist sie geworden?

79. Ein gutes Alter. Als sie im Sterben lag, war ich gerade auf meiner letzten großen Stadiontournee. Zwischen den Konzerten bin ich immer wieder zu ihr ins Krankenhaus gefahren, und sie hat jedes Mal zu mir gesagt: »Eines musst

du mir versprechen, Junge: Wenn ich jetzt sterbe, sagst du kein Konzert ab. Hast du mich verstanden?« Ich habe ihr geantwortet, dass ich das natürlich würde, aber sie insistierte geradezu befehlend: »Das ist dein Beruf und deine verdammte Pflicht.«

Und wann ist sie dann gestorben?

In der Nacht nach meinem letzten Konzert. So war sie, Offizierstochter mit der Pflichterfüllung bis in den Tod.

32

BEI MEINEM NÄCHSTEN BESUCH steht die Wohnungstür offen, aber niemand ist zu sehen.

»Bin gleich da!« Die Stimme von Marius kommt aus dem hinteren Teil der Wohnung.

Die späte Nachmittagssonne strahlt ins Wohnzimmer, wirft die Schatten der großen Blätter der Monstera-Pflanze an die Wand. Die Häuser auf der anderen Seite des Parks leuchten. Sieht aus, als hätte jemand Gold über die Dächer gegossen.

Auf dem Flügel stehen die gerahmten Portraits von Hans und Liselotte Müller-Westernhagen, daneben liegt ein kleiner geöffneter Koffer mit verschiedenen Mundharmonikas. Marius benutzt sie bei seinen Konzerten. Die großen Bilder an der Wand sind mir mittlerweile schon ganz vertraut, ebenso der alte Verstärker in der Ecke, ein Vox AC30, den er einst von der Plattenfirma geschenkt bekommen hat. Der junge John Lennon schaut überlebensgroß und in Schwarz-Weiß aus einem Bilderrahmen. Auf dem Foto ist er 19 Jahre alt, mit offenem Blick, weiß genau, was er will. Eigenartig der Gedanke, dass dieser Mann in dem Moment, als das Foto geschossen wird, noch keine Ahnung davon hat, welches grandiose musikalische Werk er schaffen wird. Zwanzig Jahre später wird er wieder ins Visier genommen werden, aber nicht von einer Kamera, sondern von einem Revolver. Hier auf dem Bild ist er noch voller Lebensdrang, ist von Liverpool nach Hamburg gekommen, wo das Bild aufgenommen wurde – von Astrid Kirchherr, die lebenslange Freundin der Beatles und auch von Marius. So klein ist manchmal die Welt.

Nach dem großen Durchbruch im Herbst 1980 mit seiner ersten Tournee und dem Kino-Supererfolg von *Theo gegen den Rest der Welt* ging es mit Marius Müller-Westernhagens Karriere kontinuierlich bergauf. Die musikalische Trilogie aus *Mit Pfefferminz bin ich dein Prinz*, *Sekt oder Selters* und dem darauffolgenden Album *Stinker* war für eine Weile zur gleichen Zeit in den Top Ten der Verkaufscharts. Selbst der amerikanische Boss von WEA International, Nesuhi Ertigün, kam zur Verleihung der drei Goldenen Schallplatten nach Deutschland. Nach der ersten Tournee folgte schon im nächsten Jahr die zweite – vor noch mehr Zuschauern.

Während Marius Müller-Westernhagen seine Musik weiterentwickelte, traf er eine Entscheidung. Nach ein paar weiteren Hauptrollen in deutschen Kinofilmen lehnte er alle folgenden Rollenangebote ab, bis den Filmschaffenden langsam auffiel, dass der Schauspieler Marius Müller-Westernhagen in keiner Rolle mehr auf der Leinwand auftauchte, sondern nur noch als Rockstar auf Konzertbühnen und in Musikvideos.

Es gefiel ihm, dass er als Musiker die volle Entscheidungsgewalt hatte und sich nicht von anderen vorschreiben lassen musste, was er zu tun hatte. Bis heute bekommt er nichtsdestotrotz immer noch Drehbücher ins Haus geschickt. Seine Standardantwort auf die Frage, ob er noch mal als Schauspieler vor der Kamera stehen würde, ist immer: »Ich bezweifle, dass ich wirklich so gut war, wie es die Legende sagt. Je länger man weg ist, desto größer wird man gemacht. Außerdem kommt es im Endeffekt immer auf das Drehbuch an. Wenn es ein Charakter wäre, von dem ich glaubte, dass mich der liebe Gott bestrafen würde, wenn ich ihn nicht spiele, kann ich es nicht ausschließen.«

1987 war er das letzte Mal in einem Film zu sehen (*Der Madonna-Mann* von Regisseur Hans-Christoph Blumenberg), aber ohne besonderen Erfolg.

Nach dem Höhenflug Anfang der Achtziger wurde es für Marius mit den folgenden experimentellen Alben kommerziell vorübergehend ruhiger, aber dann landete er im Sommer 1989 mit seinem Album *Halleluja* zum ersten Mal in den Verkaufscharts aus dem Stand von null auf eins. Das neue Album der Rolling Stones, das zur gleichen Zeit erschien, war auf Platz 2. Parallel ging er auf eine neue Tournee mit fünfzig ausverkauften Konzerten und insgesamt 500 000 Zuschauern.

Das Konzert am 20. Dezember 1989 in der Dortmunder Westfalenhalle wurde aufgenommen und als Album im September 1990 veröffentlicht. Die Platte mit dem schlichten Titel *Live* wurde nach *Halleluja* der zweite Millionenseller in dreizehn Monaten und ist bis heute das bestverkaufte Live-Album in Deutschland.

Auf dieser Platte findet sich der Song *Freiheit*, der in der Liveversion auch als Single veröffentlicht wurde und schon bald ein Eigenleben entwickelte. Ursprünglich zwei Jahre zuvor geschrieben, als noch niemand etwas von Mauerfall und Wiedervereinigung ahnte, galt *Freiheit* plötzlich als

Hymne für die inzwischen vollzogene Wiedervereinigung Deutschlands und das Ende der DDR-Diktatur. »Freiheit ist die Einzige, die fehlt ... Freiheit ist die Einzige, die zählt«, schrieb Marius einst auf Papier, jetzt sangen es bei jedem seiner Konzerte Zehntausende Menschen mit.

Vom neuen Management befeuert und von seiner damaligen Ehefrau Romney ermutigt, entschied Marius Müller-Westernhagen Anfang der Neunziger, als erster deutscher Künstler seine Konzerte auch dort zu spielen, wo die internationalen Megastars wie Rolling Stones, U2, Tina Turner oder Michael Jackson bislang unter sich waren: in Fußballarenen und Sportstadien. Sein erstes Stadionkonzert fand am 9. Juni 1990 im Gelsenkirchener Parkstadion statt, und über 60 000 Menschen kamen, um Westernhagen live zu erleben. Die Idee ging auf, weitere Konzerte derselben Größenordnung folgten, und Marius Müller-Westernhagen wurde zum Wegbereiter für Stadiontourneen auch anderer deutscher Künstler.

1992 folgten das Album *Jaja*, wieder eine Nummer eins, und eine große Tournee. Zwei Jahre später erschien *Affentheater*, erneut ein Millionenseller (mit 1,8 Millionen verkauften Alben das bislang erfolgreichste), und im Jahr darauf, 1995, die entsprechende Tournee mit 700 000 zahlenden Zuschauern.

1998 folgte das Album *Radio Maria* und erneut der Spitzenplatz in den Charts. Im Sommer 1999 ging Marius noch einmal auf Tournee, auch diesmal sollte es eine reine Stadiontournee sein. Zweimal hintereinander spielte er im jeweils ausverkauften Niedersachsenstadion in Hannover, einmal im Gelsenkirchener Parkstadion, es folgte das Weserstadion in Bremen, das Olympiastadion in München, zweimal hintereinander das Rheinstadion in Düsseldorf, zweimal das Waldstadion in Frankfurt, das Olympiastadion in Berlin und zum Abschluss in Hamburg ein Konzert vor hundertzehntausend Fans im Derby Park.

Trotz bester Aussichten auf weitere Stadiontourneen, Millionen zahlender Besucher und entsprechender Umsätze auch seiner Platten zog Marius Müller-Westernhagen plötzlich einen Schlussstrich: Er gab bekannt, nie mehr in so großem Rahmen, nie mehr eine Stadiontournee zu machen. Die große Nummer, entschied er, war vorbei.

Der größte deutsche Popstar jener Zeit nahm, für alle überraschend, einfach seinen Hut und ging. Die Manager in der Plattenfirma, in der Konzertagentur, seine Berater und auch Freunde blieben ratlos zurück.

Schritte sind zu hören.

Marius kommt im schmal geschnittenen graublauen Anzug ins Wohnzimmer. »Ach gut, du bist schon drin.« Wir begrüßen uns, und er fragt: »Sag mal, willst du den neuen Song *Black Lives Matter* hören? Der ist jetzt gemischt und gemastert.«

»Was für eine Frage! Natürlich, sehr gern!«

Er macht eine weit ausholende Bewegung, als wollte er eine ganze Mannschaft einladen, ihm zu folgen.

Wir kommen in einen Raum, in dem ein riesiger Fernseher und ebenso beeindruckende Boxen stehen. Marius geht auf die Knie, fingert an Kabeln und versucht, den Laptop an den Verstärker anzuschließen. Die Ledersohlen seiner Stiefel sind glatt und blitzblank sauber. »Ich hasse Computer«, murmelt er und drückt mit einem Finger auf eine Taste.

»Warum hast du damals eigentlich den großen Schnitt gemacht und mit den Stadionkonzerten aufgehört?«, frage ich.

»Es musste sein«, antwortet er, während er auf dem Computer tippt. »Stadionkonzerte sind wagnerianische Inszenierungen mit dem Fokus auf einem überlebensgroßen Heldentenor. Wenn man das zehn Jahre lang macht, gehen einem die kreativen Möglichkeiten verloren, die Show künstlerisch weiterzuentwickeln. Ich war zu einem Produkt geworden. Die Erwartungen an mich waren überzogen und unrealistisch. Ich lief Gefahr, mich zu verlieren. Es verdienen viele, viele Leute kräftig mit. Das wollen sie dann natürlich auch weiter tun, und plötzlich merkst du: Die hängen alle nur noch von dir ab.«

Er wendet sich dem Verstärker zu, drückt Knöpfe.

»Für mich wurde es kompliziert, als mir klar wurde, dass ich eine Platte, die eigentlich noch nicht fertig war, plötzlich nicht mehr verschieben konnte, weil die Plattenfirma den Gewinn schon eingeplant hatte. Da entsteht ein großer Druck. Für den Künstler ist das aber eine unmögliche Situation, weil Kunst immer ein kreativer Prozess ist – den kannst du nicht einfach beschleunigen. Fertig ist etwas nur, wenn es fertig ist.«

»Wie hat die Plattenfirma damals reagiert?«

»Ein Mitarbeiter von mir meinte vorwurfsvoll: ›Das Geld liegt doch vor dir auf der Straße, das musst du doch nur aufheben!‹ Da habe ich geantwortet: ›Ja, aber was nutzt es mir, wenn ich nachher selber auf der Straße liege?‹« Mit dem Finger fährt er über den Touchpad. »In meiner Vorstellung ist der Künstler nicht dazu da, Erwartungen zu erfüllen. Außerdem war ich nie so unglücklich wie zu jener Zeit. Ich hatte mich selbst in eine Position manövriert, die ich weder erfüllen wollte noch konnte. Ich fiel in eine Depression. Mir war klar, dass ich nicht nur auf viel Geld verzichte, sondern auch auf Macht. Aber haben mich all diese Dinge glücklicher gemacht? Natürlich nicht. Ich war in einem Käfig gefangen, und ich mag keine Käfige, auch nicht, wenn sie aus Gold sind.«

Er schaut auf die Anzeige des Verstärkers und dreht an einem Knopf.

Im neuen Jahrtausend verschwand der erste deutsche Megastar Westernhagen tatsächlich erst einmal von der Bildfläche, und es wurde still. Am 9. September 2001 flog ein Flugzeug gezielt in einen New Yorker Wolkenkratzer, und fünfzehn Minuten später folgte ein zweites, die Twin Towers stürzten ein, und die Welt war schlagartig eine andere. Romney, Marius' damalige Frau, stammt aus New York und hat in ihrer Jugend die Entstehung der Twin Towers miterlebt. Ihre Familie lebte noch dort, mit Marius war sie oft bei ihnen gewesen. Nun verfolgten die beiden in Hamburg die Katastrophe vor dem Fernseher, die Familie in New York konnten sie lange Zeit nicht erreichen.

»Im Leben kommst du immer mal wieder an eine Weggabelung und musst dich entscheiden«, sagt Marius. »Dann musst du deinem Instinkt folgen. 9/11 hat mich damals zutiefst schockiert. Wie verletzt, traumatisiert, verzweifelt und brainwashed müssen Menschen sein, um zu so einer Tat fähig zu sein? Anstatt sich diese Frage zu stellen, nutzte die Bush-Regierung das Ereignis für ihre politischen Ziele. Das hat doch einiges in mir ausgelöst. Denn da war sie wieder, diese Weggabelung. Ich sah mich gezwungen, mich grundsätzlich zu entscheiden, ob ich ein alternder Popstar sein will, der noch eine Weile so weitermacht, oder ein Künstler. Der eine Weg war das Produkt Westernhagen mit immer neuen und möglichst ähnlichen Alben und den dazugehörigen Stadiontourneen. Der andere Weg war: ich. Deshalb habe ich mich dazu entschieden, mich nicht mehr darum zu kümmern, ob das nächste Album Nummer eins wird oder nicht. Ist ja eigentlich auch scheißegal. Ich muss mich in dem, was ich tue, fühlen und erkennen. Nur das gibt Befriedigung.«

Nach einer längeren Pause von fast zwei Jahren schrieb Marius Müller-Westernhagen neue Musik und reflektierte den Einsturz der Twin Towers in seinem Album *In den Wahnsinn*. Nach einer Pause von fünf Jahren ging er zum ersten Mal wieder auf Tournee mit dem Material des Albums *Nahaufnahme*, diesmal ohne die Riesendimensionen der Stadien.

2020 wollte er sich mit der Tournee durch Philharmonien, Opernhäuser und Theater einen Traum erfüllen, der wegen der Pandemie geplatzt ist.

Bis heute hat er über zweihundertfünfzig Songs und siebenundzwanzig Alben herausgebracht. Seit über fünfzig Jahren arbeitet er kontinuierlich als Künstler. Für seine Arbeit hat er viele Auszeichnungen erhalten, darunter das Bundesverdienstkreuz, und mehrere für sein Lebenswerk. Er ist ein durch und durch politischer Mensch, der sich immer wieder einmischt. 2018 gab er seine sieben Echos – den deutschen Musikpreis – aus Protest gegen eine zu lasche Haltung der Preisgeber gegenüber zwei Rappern und deren antisemitischen Songtexten zurück und half damit, ein reinigendes Gewitter auszulösen, an dessen Ende der Echo-Preis für immer begraben wurde.

Er ist ein Zeitzeuge der gesellschaftspolitischen Entwicklung der Bundesrepublik von der Nachkriegszeit bis heute – und selbst ein Stück bundesrepublikanischer Geschichte, ja vielleicht schon so etwas wie eine lebende Legende. Jedenfalls zieht ihn seine Frau schon mal damit auf, dass sie ihn so nennt. Die Mutter seiner Tochter, Polly Eltes, bezeichnete ihn mal spöttisch als »minor local cult figure«, erzählt Marius lachend, »das hat mir immer gut gefallen«.

Er erhebt sich, nimmt zwei Fernbedienungen in die Hand und steht aufrecht da. »Bist du bereit?«, fragt er.

Ich habe mich auf das kleine Sofa gesetzt. Die beiden Boxen von der Größe eines Kleinkindes stehen ungefähr eineinhalb Meter entfernt. Marius lehnt an der Wand, schräg hinter mir, nahe genug, um Mimik und Reaktionen zu beobachten, und doch gerade weit genug entfernt, dass der Zuhörer sich frei fühlen kann – Erfahrung aus wahrscheinlich tausend ähnlichen Situationen, in denen er jemandem seine neueste Musik vorgespielt hat.

»Ich bin bereit«, sage ich.

Er drückt mit dem Daumen auf die Fernbedienung. In angenehmer Lautstärke beginnt die Musik und erfüllt den Raum.

Sie ist stark, entschieden, soulig. Da ist die Gitarre von Larry, der während unserer Gespräche anrief. Da sind die Drums von Ray, mit dem Marius über die Kombination von Hip-Hop und Blues diskutiert hat. Und da ist der

Gospelchor, den Marius eingesetzt hat. Und natürlich die Stimme von Marius.

Nach ungefähr fünf Minuten verstummt die Musik und scheint in der Stille nachzuhallen.

»Ganz toll!«, sage ich voller Überzeugung. »Gratulation!«

»Vielen Dank«, antwortet Marius leise. »Das freut mich sehr.« Er legt die Fernbedienung zur Seite. »Und jetzt? Soll ich uns noch einen Espresso machen?«

EPILOG

Die Erarbeitung eines Songs auf digitalem Weg war offensichtlich möglich. Und doch flog Marius Müller-Westernhagen, sobald man wieder reisen konnte, in die USA, um mit seinen Musikern im Asbury Park Studio in New Jersey ein neues Album aufzunehmen. *Das eine Leben,* Marius Müller-Westernhagens 23. Studioalbum, erschien im Mai 2022 und begeisterte gleichermaßen Publikum und Kritik. Die FAZ nannte ihn den »derzeit ältesten noch wirklich produktiven deutschen Rock'n'Roller«.

Die Arbeit für unser Buch geht dem Ende zu. Ein Anruf bei Marius. »Sag mal, welchen Songtext von deinem neuen Album fändest du passend für das Ende des Buches? Ich hätte schon einen Favoriten.«

Marius überlegt einen Moment. »*Spieglein, Spieglein an der Wand*«, schlägt er vor. »An welchen hattest du gedacht?«

> Du wolltest mal die Welt verändern
> Zum Besseren, wie sich wohl versteht
> Und als dir das nicht mehr gereicht hat
> Das hat dir wohl den Kopf verdreht
> Aufmerksamkeit ist eine Droge
> Die Gier darauf kann tödlich sein

Und schaffst du's wirklich ganz nach oben
Wird man dich zwingen zu bereuen

Spieglein, Spieglein
An der Wand
Wer ist der Mächtigste
In diesem Land?

Du kriegst den Schleim nicht abgewaschen
Den man dir auf dein Ego schmiert
Doch wahre Liebe, ewige Jugend
Das wird Mephisto dir verwehren

Spieglein, Spieglein
An der Wand
Wer ist der Mächtigste
In diesem Land?

Du kannst dich wirklich nicht beklagen
Die Frucht des Deals hast du genossen
Man hat halt nur das eine Leben
Wenn's Plündern anfängt, wird geschossen
Und jetzt willst du der Wahrheit dienen
Nachdem das Urteil ist gefällt
Wie kannst du von der Wahrheit sprechen
Wenn du dich nicht der Wahrheit stellst?

Spieglein, Spieglein
An der Wand
Wer ist der Mächtigste
In diesem Land?
Spieglein, Spieglein
An der Wand
Wer ist der Mächtigste
In diesem Land?

DEN KENN ICH DOCH
von Philipp Keel

Vor ungefähr zwanzig Jahren reiste ich von New York nach Göttingen. Ich tat so, als sei es ein ganz normaler Tag, aber ich war aufgeregt, weil ich mit Gerhard Steidl an meinem Buch *Color* arbeiten würde. Er war schon damals der wohl renommierteste Verleger für Kunst und Fotografie, ein Tausendsassa, der sich alles selbst beigebracht hat. Es war düster auf der Fahrt dahin, und als ich ankam, war das Wetter auch nicht anders. Wie viele Gäste von Steidl wartete ich in der Bibliothek auf den Meister. Ich glaube, es waren ein paar Tage, die ich dort auf ihn wartete. Aber ich war nicht der Einzige.

Irgendwann ging die Türe auf, und ein freundlicher Mensch begrüßte mich. Er war groß und blond und in Begleitung einer attraktiven Frau. Wir unterhielten uns einen Moment, während er und die Frau ihre Jacken über einen Stuhl hängten, sie einen Stapel Papier aus ihrer Tasche nahm und ihn vis-à-vis von meinem Stapel auf den langen Tisch legte. Wer sind diese Menschen, kommen die jetzt vor mir dran? Später saßen wir, ein Ritual des verrückten Gastgebers, an einem anderen langen Tisch hinter der Küche im Verlag. Der hauseigene Koch bereitete schon seit Stunden ein gesundes Essen vor. Nicht nur in der Bibliothek warteten die Gäste auf den Verleger, nein, sie warteten auch am Mittagstisch, bis er sich schließlich in seinem weißen Arbeitskittel dazugesellte und schmunzelte. Das Brot war längst gebrochen, als ich erfuhr, dass es sich bei dem Mann um Marius Müller-Westernhagen handelte.

Ich weiß nicht, was es war, aber man weiß es nie, wir verstanden uns und lachten ein paarmal wie Kinder. Der Orangensalat mit Rosinen schmeckte vorzüglich, und ich überlegte, ob mir ein Song von ihm einfallen würde, das war mir auf der Stelle peinlich. Es wurde nach Kaffee gefragt. Immerhin hatte ich die Ausrede, mich gar nicht so gut mit deutscher Musik auszukennen, weil ich in der Schweiz aufgewachsen war und die letzten fünfzehn Jahre in Amerika gelebt hatte. Steidl saß schon nicht mehr am Tisch, als ich es endlich zusammenkriegte und mich erinnerte, dass ich Marius' vollen Namen als Teenager mindestens so oft gehört hatte wie den von David Bowie, Nena, Rod Stewart, Mireille Mathieu oder Harry Belafonte. Mädchen an der Schule trugen sogar seinen Namen auf ihren T-Shirts, zeigten sich Bilder und redeten über ihn, als beeinträchtigte er ihr Erwachsenwerden wie Samuel Beckett, Anaïs Nin oder J. D. Salinger. Verwundert blickte ich über den Tisch, versuchte dann verlegen, die letzte Rosine mit der Gabel aufzuspießen, und bekundete ihm, wie unglaublich es sei, ihn hier kennenzulernen. Geschmeichelt sagte er: »Du, ich probier ja im Grunde genommen nur immer wieder etwas aus.« Gegen Abend kümmerte Steidl sich um Müller-Westernhagen, nicht um mich. Mein Verleger, dein Verleger.

In unserer Freundschaft reden wir eigentlich immer von etwas anderem als über das, was wir gerade machen. Das finde ich angenehm. Trotzdem ertappte ich mich dabei, wie ich die Texte seiner Songs las, mir seine Filme und Aufnahmen seiner Konzerte ansah und mitverfolgte, wie er sein Publikum im Griff hält. Und ich bestellte natürlich das Buch, das inzwischen bei Steidl erschienen war, und fand es irre, was dieser Typ in seinem noch jungen Leben alles angerichtet hat.

Obwohl ich mit niemandem gerne ernsthaft philosophiere, befinden Marius und ich uns fast jedes Mal zuverlässig mittendrin. Dabei sehen wir uns wenig, was gar nicht anders sein kann und auch gesund ist. Obwohl wir weit voneinander entfernt lebten, entwickelte sich eine vorsichtige Vertrautheit. Ich lauschte am Telefon, wie er nebenbei den Kühlschrank öffnete, für einen Kurier die Gegensprechanlage drückte, Fußball guckte, meistens das, Lindiwe eine Melodie summte oder etwas kommentierte, oder die beiden über die Autobahn brausten. Wenn ich gerade dachte, wie nett er ist, haute er mir etwas Freches um die Ohren. Manchmal, das mache ich auch bei anderen Menschen, schrieb ich Sätze mit, die mich überraschten.

An Marius fasziniert mich, dass jemand wie er, der einfach in ein Stadion hineinlaufen und zigtausend Menschen begeistern kann, mit mir spricht, als hätten diese Dinge in seinem Leben nicht stattgefunden. In all den Jahren erzählte er mir mit einer einnehmenden Distanz, wie er aufgewachsen ist, von der Beziehung zu seinen Eltern, von seinen Anfängen als Schauspieler, und ich dachte oft, er musste es der Welt früh zeigen. Wie er begann, Gitarre zu spielen, und in seiner Stimme etwas Besonderes entdeckte, das rasch sein Markenzeichen sein sollte. Wie er als junger Mann mit einer älteren Frau nach Hamburg zog und die Nächte mit Otto Waalkes und Udo Lindenberg bestritt. Seine Ironie erinnert mich mitunter an die beiden. Alles hat mit allem etwas zu tun. Von dort an ging sein Leben in großen Schritten voran, während ich vermutlich im Kindergarten gerade ein Vogelnest zeichnete.

Viele Jahre vorgespult wunderten wir uns beide in unseren Revieren, warum wir uns so lange nicht mehr gesehen hatten. Und schon saß Marius mit seiner wunderbaren und lustigen Frau Lindiwe im Flugzeug nach Zürich. Sie haben geklingelt, unsere Babys stolperten zur Türe, wir tranken etwas und aßen Bündnerfleisch und saure Gurken. Danach brachen wir auf in die Kronenhalle, und als wir gerade bestellt hatten, fragte Marius die Mutter meiner Kinder: »Was machst du eigentlich mit dem, warum tust du dir das an?« Aber ich freute mich, dass er Lisa mochte, denn meistens geht es einem ja mit Partnern nicht so.

Es geschieht nicht oft, dass man in der Kronenhalle lange über die Sperrstunde hinaus mit einem Gast sitzen bleiben darf. Marius hatte ins Gästebuch geschrieben. Das Lokal war längst leer, die Kellner noch eifrig. Wahrscheinlich habe ich an diesem Abend, oder an einem anderen, unzählige Sätze von dem, was Marius in die Runde sagte, auf der Rückseite der Tagesmenüs mitgeschrieben. Begleitet von einem angenehmen Bordeaux waren es Gedanken wie »Niemand geht nach Sizilien«, »Kunst braucht einen Regisseur«, auch etwas auf Englisch, »Irony in Germany is a waste of time«, oder »Wenn du älter bist, möchtest du dir keinen Blödsinn anhören«, oder »Ich habe ein Problem mit diesem heiligen Familiending«.

Wenn man mit einem Verlag zu tun hat, erlebt man einige aufregende Abende. Man könnte also meinen, es war genau so einer, aber es war eben noch ein bisschen mehr. Ein Hauch von Sinnlichkeit, Verrücktheit und Magie. Wir schlenderten in eine nahe gelegene Bar, wo ein letzter Drink dafür sorgte, dass ich diesen Abend am nächsten Tag schon deshalb nicht vergessen würde. Schließlich begleiteten wir die beiden zu ihrem Hotel, überquerten die Quaibrücke, links der funkelnde See, rechts der Fluss und die Kirchen, und es fühlte sich an, als spiele nichts eine Rolle.

Monate später war ich auf dem Heimweg von München durchs grünsatte Allgäu, hörte einen genialen, mich inzwischen etwas langweilenden Song von Supertramp, und hatte dabei einen Gedanken. Als hätte es die heilige Maria mitbekommen, rief Marius mich in diesem Moment an. Und so fing diese Geschichte an.

Wen kann man sich für ein Portrait mit Marius vorstellen, wer kann ihm etwas entlocken? Friedrich Dönhoff kam mir in den Sinn, weil ich ihn mag, weil ich ihm traue und wegen seiner Bücher, die mich seit jeher beeindruckt haben. An einem Herbstabend spazierten wir zwischen Platanen am See entlang, und mit dem Geräusch von Kies unter den Sohlen fragte ich Friedrich: »Was weißt du über Marius Müller-Westernhagen?« Wir sprachen einen Moment. Er war ganz ehrlich, ich war ganz ehrlich. »Vielleicht bist du darum gerade der Richtige.« Friedrich war bereit, Marius demnächst in Berlin zu treffen und zu schauen, wie das geht. Ich stellte mir gar nicht so viel vor, sondern freute mich, dass sie ein paar Stunden miteinander reden würden. Dann nahm sich die Zeit den Raum, brachte die beiden noch öfter zusammen, Corona war der beste Gastgeber dafür.

Von jeglicher Realität entfernt bekam ich in regelmäßigen Abständen Anrufe von einem der beiden. Es kam mir vor, als dürfte ich den Gesprächen lauschen, und ich wünschte mir, ich hätte auch jemanden, dem ich mich in dieser merkwürdigen Zeit der Pandemie offenbaren könnte.

Eigentlich ging es in letzter Zeit fast nur noch um das Buch, und es bedarf keiner Fantasie, dass wir alle vom Umfang des Erinnerten und Erzählten einen Moment überfordert waren. Plötzlich schien es, als könne man das erstaunliche Leben des Marius Müller-Westernhagen gar nicht zusammenfassen. Aber die Passion des Autors, das Engagement von Marius und die Vernunft des Weglassens haben der Sache gutgetan. Die Aufregungen, die jedem Vorhaben folgen, haben letztlich ein außergewöhnliches Portrait hervorgebracht, und, ob er es will oder nicht, es kommt mir vor, als würde unsere Freundschaft gerade noch einmal von vorn anfangen.

Zürich, 14. September 2022

DANKSAGUNG
von Friedrich Dönhoff

Für die freundschaftliche Unterstützung und Beratung danke ich von Herzen: Claudia Böttinger, Samir Dib, Bettina Flitner, Marion Hertle, Olaf Meinking, Christian Schünemann, Lindiwe Suttle-Westernhagen, Alice Schwarzer, Benedict Wells und Silvia Zanovello.

Mein Dank gilt auch meinem Verleger Philipp Keel, der mir dieses Projekt anvertraut hat und ohne den es dieses Buch nicht gäbe.

Und nicht zuletzt danke ich natürlich Marius Müller-Westernhagen für sein großes Vertrauen, die inspirierende Zusammenarbeit – und für seine Freundschaft.

Berlin, im September 2022

Diogenes ist einer der größten unabhängigen
Belletristikverlage Europas, mit internationalen
Bestsellerautorinnen und -autoren wie Donna Leon,
John Irving, Friedrich Dürrenmatt, Daniela Krien,
Benedict Wells, Doris Dörrie, Martin Walker,
Patricia Highsmith, Martin Suter, Patrick Süskind,
Ingrid Noll, Bernhard Schlink, Paulo Coelho,
Ian McEwan, Amélie Nothomb, Tomi Ungerer,
Katrine Engberg und Luca Ventura.
Daneben gehören eine umfassende Klassikersammlung,
Kunst- und Cartoonbände sowie
Kinderbücher zum Programm.

Entdecken Sie unser ganzes Programm auf
www.diogenes.ch oder schauen Sie hier vorbei:

Auf **diogenes.ch/newsletter** erfahren Sie zuerst
von Neuerscheinungen und Neuigkeiten unserer
Autorinnen und Autoren.

Oder schauen Sie hier vorbei: